EL
LIBRO
DE LA
BELLEZA
INTERIOR

«LA BELLEZA NO ESTÁ EN EL ROSTRO; LA BELLEZA ES LA LUZ DEL CORAZÓN.»

Kahlil Gibran

EL LIBRO DE LA BELLEZA INTERIOR

LAUREY SIMMONS

Traducción de Laura Fernández

Rocaeditorial

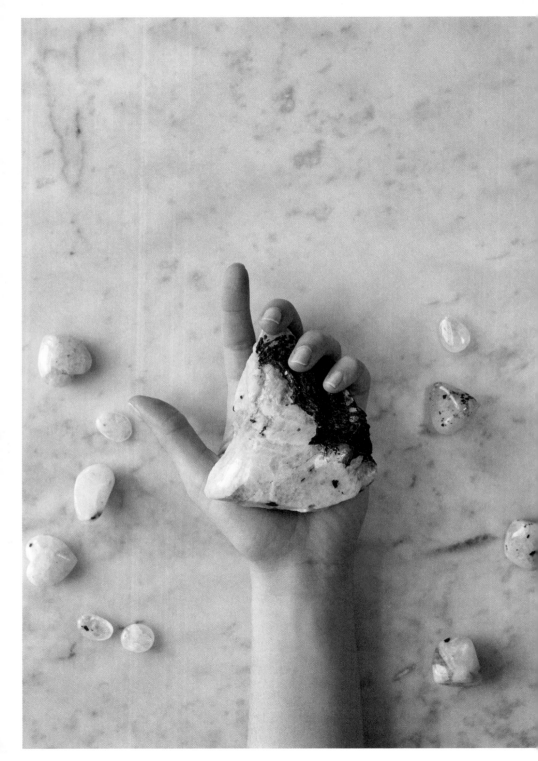

Índice

Sembrar
las semillas
de la belleza
interior

1

¿Qué es la
belleza interior?

Es ese gesto inesperado del conductor del autobús.
Es la carcajada de una amiga que ha sufrido mucho.
Es la risa de un bebé en un tren abarrotado.
Es el perfume de una rosa flotando con libertad.
Es mirarme en el espejo y amar mi alma.
Es aceptar los cambios de la edad.
Es un largo abrazo cariñoso que dice «estamos juntos en esto».
Es la verdad que comprendemos cuando alguien muere,
que la vida es preciosa,
y que, al final, lo único que importa es el amor.

La belleza interior es como un caleidoscopio: una forma hermosa de mirar, con tantas dimensiones como maneras de ver el mundo. En realidad, la palabra caleidoscopio procede de las palabras griegas *kalos*, que significa «hermoso», y *eidos*, que significa «lo que se ve». ¿Qué clase de imágenes te vienen a la cabeza cuando piensas en belleza interior?

He estado inmersa en el mundo de la belleza durante casi toda mi carrera. Al principio, cuando trabajaba como maquilladora en el mundo de la moda y la música, mi trabajo consistía en conseguir que las personas estuvieran más guapas. Pero un día me enamoré de los cristales y los rituales sagrados, y mi relación con la belleza se intensificó. Aunque me encantaba ayudar a mis clientes a sentirse estupendos antes de una gran ocasión, un día empecé a darme cuenta de que algo faltaba. Cuando termina el día, todas nos vamos a casa, nos lavamos la cara y volvemos a encontrarnos con nuestro rostro en el espejo. Me di cuenta de que existía una clase de belleza más profunda con la que conectar y que podía acercar a mis clientes. Así que empecé a poner cristales y otros objetos sagrados junto a los pintalabios y las brochas en mi mesa de maquillaje. Y al hacerlo noté un efecto maravilloso y relajante —tanto en mí como en mis clientes— durante lo que solían ser jornadas superlargas y muy duras. Descubrí que los objetos hermosos y los rituales sensoriales pueden ayudarnos a conectar con una belleza interior que siempre está ahí, esperando a que la recordemos. ¿Tienes momentos en tu vida en los que utilices objetos de belleza que te proporcionen un sentido más profundo de paz interior, amor o alegría?

Cuando le preguntaron a Audrey Hepburn, estrella de Hollywood y activista por los derechos humanos, que compartiera sus secretos de belleza, ella contestó: «La belleza de una mujer no está en un lunar facial, la auténtica belleza se refleja en su alma».

¿Conoces a alguien que irradie esta inconfundible cualidad de belleza interior? ¿Alguien en cuya compañía te sientas automáticamente como en casa? ¿Qué tienen esas personas, esos momentos, esos encuentros que nos llegan tan intensamente al corazón?

De niña intenté capturar el perfume de las rosas en el agua, y de adulta estoy descubriendo cómo capturar la esencia de la belleza interior. Créeme, ha habido muchos momentos de mi vida en los que no me he sentido precisamente radiante. Pero incluso en esos momentos tan difíciles de mi vida he tenido la sensación de que una vocecita me susurraba y me recordaba la belleza que atesoro en el corazón. A veces ese susurro se materializaba en un gesto amable o en el perfume de una flor; cosas muy sencillas que tenían el poder de cambiarme el ánimo en cuestión de segundos.

Uno de los fenómenos más increíbles de los últimos tiempos ha sido la aparición del *mindfulness*. Me inspira mucho ver que cada vez hay más personas que bajan el ritmo y se concentran en su mundo interior. Una parte muy importante del *mindfulness* consiste en desviar la atención de nuestra mente acelerada y concentrarnos en nuestros sentidos más terrenales. Pienso que, cuando nos concentramos en nuestros sentidos, nos permitimos conectar más profundamente con la belleza del mundo. Cuando nos relajamos y conectamos con la belleza del mundo a través de los sentidos, nos abrimos a nuestra belleza interior. Y esa es la dulce esencia de los rituales de *mindfulness* que voy a compartir contigo en este libro.

Evidentemente, entiendo perfectamente lo que significa ser una abeja obrera en nuestra vida moderna, en la que tenemos que hacer malabarismos para sacar adelante trabajo, casa y relaciones. A veces cuesta recordar que tenemos que pararnos a oler las rosas. Estamos expuestos a un torbellino de información que nos lanza mensajes encubiertos y no tan sutiles sobre la imagen que debemos dar, cómo debemos sentirnos y las cosas que necesitamos para ser felices. La industria de la belleza no deja de crecer. Y la vida cada vez va más y más rápido. Nos descubrimos con un millón de cosas que hacer y sin tiempo para hacerlas. En mi caso, cuando estoy agobiada, lo único que quiero hacer es meterme en la cama, acurrucarme y desconectar. En esos momentos me pierdo con facilidad en la madriguera de la telerrealidad, me atiborro de comida basura y me escondo en mi caparazón. Y no pasa nada por tener algún bajón; necesitamos los malos momentos para coger fuerzas. Pero también me he dado cuenta de que es muy enriquecedor encontrar la forma de relajarnos en nuestro día a día y volver a conectar con nuestra belleza interior. En medio del torbellino que es la vida moderna, la belleza interior es una isla de estabilidad. Cuanto más cultivemos nuestra belleza interior, más buenas seremos con nosotras mismas y con los demás. Vamos a embarcarnos en un viaje a una fuente de belleza que ya existe, un jardín secreto que todas llevamos dentro y que está esperando a que lo descubramos.

«Me di cuenta de que existía una clase de belleza más profunda con la que conectar y que podía acercar a mis clientes.»

Cómo utilizar este libro

«Sácale brillo a tu corazón, libera los seis sentidos y deja que fluyan
sin obstáculos, y tu cuerpo brillará.»

Morihei Ueshiba, fundador del aikido, arte marcial japonés

El objetivo de este libro es enseñarte a crear espacios sagrados hermosos
y rituales sencillos que te ayuden a conectar con tu belleza interior.
Añadir estos toques de belleza a mi vida, además de mantener un enfoque
consciente y claro, me ha ayudado en muchas ocasiones a recuperar un
estado mental más positivo, apacible y sensible.

El libro está dividido en capítulos que representan los distintos aspectos
de tu vida. En estas páginas encontrarás consejos para incorporar a tu vida
moderna una serie de rituales que encuentran su origen en sabias tradiciones
ancestrales. También podrás consultar páginas concretas del libro en función
de las necesidades puntuales que tengas en cada momento. Puedes verlo
como un libro de recetas de belleza interior. En cuanto empieces a incorporar
estos rituales de belleza interior a tu rutina, descubrirás que la conexión con
tu belleza interior es cada vez más estable y empezarás a ver más belleza
en el mundo que te rodea. Wayne Dyer, un maestro espiritual con el que
conecto muchísimo, me aclaró perfectamente este proceso el día que me
dijo: «Si cambias tu forma de mirar las cosas, las cosas que ves también
cambiarán».

En este capítulo encontrarás algunas ideas clave que me han parecido muy
útiles al explorar el mundo de la belleza interior:

1

La belleza interior y la belleza exterior son dos caras de la misma moneda.

2

Los objetos que nos rodean afectan a nuestro mundo interior a través de nuestros sentidos.

3

Nuestro mundo interior es como un jardín que necesita ingredientes determinados para que crezcan cosas bonitas.

4

La combinación de propósito y atención crea magia.

---

1. LA BELLEZA INTERIOR Y LA EXTERIOR SON DOS CARAS DE LA MISMA MONEDA

En realidad, la primera idea es la más importante de todas. Es muy fácil fijarse en la apariencia exterior de las cosas, en especial cuando es a nosotras mismas a quienes observamos. ¿Cuántas veces nos levantamos por la mañana, nos miramos al espejo, encontramos algo que no nos gusta en nuestro aspecto y eso nos hace sentir inseguras todo el día? Cuando empezamos el día con una actitud autocrítica, nos sentimos mal por dentro y ya no importa lo mucho que nos maquillemos, porque seguiremos siendo un ser menos hermoso en el mundo. Sin embargo, si cuidamos de nuestra belleza interior cultivando ciertas cualidades importantes como la autocompasión, la paciencia o la capacidad para perdonar, el mundo nos verá más atractivas de forma automática. La belleza interior irradia de una forma tan poderosa que parecemos más hermosas a ojos de los demás. Y, de la misma forma, si nos tratamos como las diosas que somos y cuidamos de nuestro aspecto exterior de una forma menos crítica, más sagrada, con amabilidad y cariño, conseguiremos irradiar esa luz inconfundible propia de la belleza interior. Es evidente que la belleza interior y la belleza exterior van de la mano.

2. LOS OBJETOS QUE NOS RODEAN AFECTAN A NUESTRO MUNDO INTERIOR A TRAVÉS DE NUESTROS SENTIDOS

Tenemos la suerte de tener sentidos. Y nuestros sentidos son ventanas a un mundo repleto de belleza. De la misma forma que necesitamos nutrir nuestro cuerpo, también tenemos que alimentar nuestras almas; y, para mí, la forma más efectiva de hacerlo es a través de los sentidos. A veces, cuando me paro a oler las flores de algún árbol, es como si todas las preocupaciones y miedos del día, todas las dudas e inseguridades se evaporasen de mi cuerpo. Cuando me paro a observar algún precioso y viejo árbol, su imagen me serena y siento mucha gratitud por la naturaleza y la vida en sí misma. Mi amor por los cristales procede, básicamente, de lo mucho que valoro su belleza visual. Cada vez que sintonizamos nuestros sentidos para percibir la belleza del mundo, tanto si es alguna canción que nos guste, el olor de una rosa, una piedra bonita o una obra de arte, estamos despertando la belleza interior de nuestra alma.

Cada uno de nuestros sentidos puede transformarnos de una forma completamente única. Nuestros ojos, como se dice, son las ventanas a nuestra alma, y esas ventanas pueden tener funciones milagrosas. En los años setenta se realizó un estudio alucinante en pacientes que se estaban recuperando de intervenciones en la vesícula biliar.[1] Aunque las operaciones en la vesícula biliar son bastante rutinarias, algunos pacientes se recuperaban más rápido que otros. Cuando los investigadores analizaron los datos, se dieron cuenta de que algunas de las habitaciones del hospital daban a una pared de ladrillos, mientras que otras tenían vistas a una preciosa arboleda. ¿A ver si lo adivináis? Los pacientes que ocupaban habitaciones con vistas a la arboleda siempre se recuperaban más rápido. Y se ha demostrado que sucede lo mismo con los colores (el rosa ayuda a que las personas sean menos agresivas), con las formas (los contornos redondeados consiguen que las personas se sientan más relajadas) y con los objetos (la presencia de un maletín en una habitación hace que las personas se comporten de forma más competitiva). Y aunque es cierto que muchas de nosotras no podemos pasarnos el día contemplando los árboles, sí que podemos rodearnos de objetos hermosos de la naturaleza que tengan el poder de reanimarnos. Plantéatelo por un momento: ¿qué clase de objetos naturales pueden provocarte alegría?

Nuestro sentido del tacto puede afectar a nuestro estado emocional. ¿Nunca te has puesto una chaquetilla un poco rasposa y te has sentido irritable todo el día? ¿Cuándo eras pequeña tenías algún peluche u otro objeto que llevaras a todas partes? Incluso ya desde pequeños parecemos entender que ciertos objetos pueden hacernos sentir de formas determinadas. Incluso podemos observar la influencia del tacto en nuestra forma de expresarnos, por ejemplo cuando decimos «hoy he tenido un día duro». Yo he descubierto que algo mágico ocurre cuando sostengo e interactúo de una forma consciente con objetos como los cristales.

Helen Keller describió el olfato como «un potente mago que nos transporta a miles de kilómetros y a través de todos los años de nuestra vida». Me encanta esa frase, porque el olfato tiene un efecto verdaderamente mágico en mí, y estoy segura que a ti también te ocurrirá. Hay estudios que demuestran que el olor a galleta hace que la gente se muestre más predispuesta a ayudar a desconocidos. ¡Es increíble! A medida que nos vayamos adentrando en los rituales que encontrarás en el libro, te iré sugiriendo distintas fragancias, inciensos y aceites que funcionan como recordatorios mágicos de nuestras cualidades de belleza interior.

El último sentido que exploraremos es el oído. Si, como yo, vives en un entorno urbano, probablemente estés expuesta a ciertos sonidos que no te ayudan a sentirte relajada. El graznido de las bocinas, el perro del vecino ladrando toda la noche…, puede ser cualquier cosa; en ocasiones, los sonidos de los entornos urbanos pueden tener un impacto muy negativo en nuestra forma de sentirnos. Eso es porque los oídos están conectados directamente al sistema nervioso de una forma muy poderosa. El nervio vago, que es el canal a través del cual se libera la hormona oxitocina en nuestro cuerpo, conecta nuestros oídos a todos los órganos del organismo. La parte positiva es que los sonidos relajantes (como las nanas que les cantamos a los bebés) nos hacen liberar oxitocina. Lo más importante que debemos recordar es que podemos crear sonidos, incluso en apartamentos pequeños de ciudades superbulliciosas, que nos ayudarán a relajar nuestro sistema nervioso y que pueden despertar cualidades hermosas en nuestro interior. En muchas tradiciones indígenas, el sonido, los cánticos sagrados y la percusión se emplean en ceremonias como herramientas medicinales para sanar. Piénsalo un momento: ¿cuál es la canción que escuchas cuando necesitas animarte? ¿Cómo te hace sentir?

3. NUESTRO MUNDO INTERIOR ES COMO UN JARDÍN QUE NECESITA INGREDIENTES DETERMINADOS PARA QUE CREZCAN COSAS BONITAS

Me inspira mucho ver que cada vez hay más personas que le dedican tiempo a su mundo interior con ayuda de cristales, meditación y rituales. Me gusta emplear la metáfora del jardín para referirme a nuestro mundo interior. En el jardín ocurre exactamente lo mismo: si no prestamos la atención suficiente a nuestras plantas, les podamos las ramas muertas y nos aseguramos de que tienen el agua y la luz necesarias, las plantas no crecen bien. Y lo mismo ocurre con nuestra belleza interior. Me he dado cuenta de que, cuando encuentro el tiempo para alimentar mi belleza interior, hay más probabilidades de que de mí emanen cualidades como la bondad, la gratitud y el perdón. Ya he hablado sobre cómo podemos utilizar objetos hermosos para reflejar la belleza. Pero la verdad es que no siempre podemos rodearnos de belleza. A veces es necesario que traslademos ese sentido de la belleza a una situación que puede ser muy complicada, donde no dispongamos de todos nuestros cristales, flores o rituales en baños calientes que nos ayuden a

reconectar. Aprenderemos a alimentar esas cualidades de belleza interior con más detalle a medida que avancemos por las páginas del libro. Por ahora, basta con saber que si alimentamos nuestro mundo interior con regularidad, este podrá seguir creciendo y extendiendo su preciosa luz, incluso cuando el cielo esté lleno de nubes oscuras.

4. LA COMBINACIÓN DE PROPÓSITO Y ATENCIÓN CREA MAGIA

Yo me crie en una familia judía y crecí rodeada de rituales. Pero si tengo que ser sincera, debo admitir que llegó un momento de mi vida en que perdí el contacto con el auténtico valor de estos rituales. Aunque siempre he sabido apreciar la belleza que entraña encender las velas un viernes por la noche, observando junto a mi madre mientras ella marcaba el inicio del Sabbath mediante un elegante y acogedor gesto que hacía con las manos por encima de las velas, cuando llegué a cierta edad me parece que desconecté de la auténtica magia del ritual. Y ha sido en los últimos años cuando he empezado a apreciar de una forma distinta los dos factores que unidos tienen el poder de conseguir que los rituales sean tan mágicos: el propósito y la atención. Cuando nos dejamos llevar por la rutina que impera en nuestras vidas, solemos tener la mente distraída. Cuando me lavo los dientes, por ejemplo, me sorprendo pensando en el camino que tomaré para ir a alguna reunión, en los correos que tengo por contestar, etcétera. Pero cuando estoy practicando algún ritual de *mindfulness,* tengo la oportunidad de bajar el ritmo, relajar la mente y decidir de forma consciente cómo quiero que sea el día que tengo por delante. Los rituales nos guían con elegancia y nos ayudan a desconectar el piloto automático, creando un espacio mágico del que puede emerger algo más hermoso.

Wayne Dyer escribió mucho sobre el poder del propósito. Su filosofía podría resumirse de una forma muy sencilla con esta frase suya: «Con nuestro propósito creamos nuestra realidad». Para mí el propósito es el plan cristalino que fabrico en mi cabeza de cómo quiero ser y cómo quiero que salga una situación determinada. Y lo cierto es que nunca solemos ponerlo en práctica; y entonces nuestras mentes y cuerpos recurren a nuestros propósitos inconscientes, esas viejas creencias que conservamos de la infancia y que suelen limitarnos y no sirven a nuestro Yo Superior. ¿Con qué regularidad, en un día cualquiera, te haces un propósito claro de cómo quieres ser antes de iniciar alguna actividad? Cuando tenemos un propósito claro y cultivamos sentimientos positivos para que todo nuestro cuerpo se alinee con ese propósito, podemos dar la vuelta a nuestros hábitos inconscientes e influir en nuestra realidad de formas bastante milagrosas.

Puede resultar relativamente fácil hacer un propósito (como lo hacemos la noche de Año Nuevo), pero si nos distraemos continuamente el propósito nunca llegará a manifestarse. Muchas veces, cuando me hago un propósito por la mañana, me digo que seré más amable, más paciente, más cariñosa, y entonces recibo un millón de mensajes, llamadas, correos, tengo mil cosas que hacer y una hora más tarde y después de haberme topado con alguna dependienta antipática es como si hubiera perdido por completo la conexión con mi propósito. Y por eso es tan importante la atención, la capacidad para volver a conectar nuestra mente con lo verdaderamente importante. En la meditación *mindfulness* no importa el número de veces que tu mente se distraiga, lo más importante es la práctica de recuperar la atención una y otra vez. Y lo mismo puede aplicarse a los propósitos y a los rituales de belleza interior. No importa el número de veces que nos distraigamos durante el día, si somos conscientes de que nos hemos despistado y volvemos a concentrarnos una y otra vez en esa cualidad de belleza interior que queremos manifestar, es muy probable que empecemos a notar cambios enseguida. La atención requiere disciplina, pero el esfuerzo merece la pena.

«Los rituales nos guían con elegancia y nos ayudan a desconectar el piloto automático, creando un espacio mágico del que puede emerger algo más hermoso.»

Mi historia

El olor a rosas tiene algo mágico. A menudo, cuando huelo una rosa, me transporto a mi infancia. Recuerdo los interminables días de verano que pasaba recogiendo pétalos de rosa del jardín; perdiéndome en un mundo de ensueño de fragancias, colores y rebosante de vida. Me dedicaba a meter las rosas en botellas de agua e intentaba vender mis pociones en la puerta de mi casa. Cuando recuerdo aquello, me doy cuenta de que me sentía atraída de forma natural por la belleza de aquellos rituales sensoriales. ¿Recuerdas cómo conectabas con la naturaleza de niña? ¿Te acuerdas de las cosas que recogías, conservabas y fabricabas? ¿Recuerdas cómo te hacían sentir cosas tan simples como el color, el sonido y los olores? Construyendo refugios al aire libre, tejiendo collares de margaritas, cogiendo ranúnculos para hacerle cosquillas en la barbilla a alguna amiga.

Cómo hacer un pulverizador con agua de rosas ▷

Pulverizador de agua de rosas

Reúne dos puñados de pétalos de rosa recién recogidos o utiliza pétalos de rosa secos orgánicos.

Si los acabas de recoger, lávalos inmediatamente.

Mételos en un cuenco y añade el agua destilada o filtrada caliente necesaria para cubrir los pétalos.

Mete el cuenco en la nevera durante toda la noche.

Por la mañana, vierte el agua en una jarra y retira los pétalos.

Añade al agua de rosas un par de gotas de aceite esencial de rosas.

Vierte el agua de rosas en un pulverizador pequeño.

Coloca un par de piedrecitas de cuarzo rosa dentro del pulverizador.

¡Disfruta de la fragancia!

Conserva el pulverizador en un sitio fresco o en la nevera. El frescor solo se conservará algunos días.

De la misma forma que ocurrió con los pétalos de las rosas, la conexión que establecí de niña con la belleza se extendió en muchas direcciones. El arte me apasiona desde muy pequeña. Me inspiraron mucho artistas como Georgia O'Keeffe, cuyo trabajo conectaba directamente con ese espacio de belleza que anida dentro de mi corazón. Y canalicé esa energía a mi propio arte. Podía pasar meses trabajando en una pintura, completamente concentrada en los detalles intrincados, que a menudo eran flores, conchas o piedras. Pintar se convirtió en una auténtica forma de meditación que me abría el corazón. Como reza el dicho: «El amor está en los detalles». Y creo que esa frase resume bastante bien mi forma de enfocar la vida.

Algunos de los recuerdos más bonitos que conservo de mi infancia son de los paseos que daba con mi madre por las playas de Mallorca buscando las piedras más bonitas y sintiendo un gran asombro, incluso a aquella temprana edad, ante la belleza de la Madre Naturaleza y sus poderes mágicos. Luego nos llevábamos aquellas piedras a casa y las colocábamos en la lápida de mi abuela. Este ritual es una práctica judía muy antigua; según la cábala, el alma de las personas se esculpe a partir de la piedra de una montaña, por lo que colocar piedras en una lápida es una invitación a las almas de los fallecidos para que descansen en las lápidas cuando vienen de visita.

Incluso en los momentos de mi vida en que las cosas no eran de color de rosa, había algo en mi interior, una fuerza que me atraía magnéticamente hacia la belleza del mundo, que seguía desplegándose ante mí. Recuerdo haber comprado mi primer libro espiritual, titulado *El asiento del alma*, de Gary Zukav, después de haber visto una entrevista que le hizo Oprah Winfrey. Supongo que ese fue el primer paso que di hacia mi propio camino espiritual «adulto». Ahora me río al recordar la primera vez que intenté meditar. Tenía unos dieciséis años, estaba sentada en la cama, esperando, esperando y esperando a que ocurriera algo… ¡con un ojo abierto! Al recordarlo, valoro mucho esa forma inocente que tenía de buscar algo más profundo.

El amor por la belleza y los rituales sagrados se internaron mágicamente en mi vida adulta. Me convertí en maquilladora profesional, me trasladé a Londres desde Leeds y empecé a trabajar como ayudante de la maquilladora Mary Greenwell. Pronto empecé a cimentar mi propia carrera como maquilladora en la industria de la moda y la música. Maquillar a alguien también puede ser un ritual. Tiene cierta conexión con la meditación, la atención por el detalle, la repetición, el tiempo dedicado al cuidado personal. Y a medida que me iba interesando más por los cristales, la meditación y una vida consciente, mi manera de enfocar mi trabajo como maquilladora evolucionó de forma natural. Empecé a crear pequeños espacios sagrados para mis clientes, utilizando cristales, aceites esenciales y meditación; estos elementos parecían otorgar una dimensión más profunda y sagrada al ritual de maquillaje. Mis clientes empezaron a decirme que experimentaban una especie de paz y alegría interior que tenía un impacto real y positivo en ellos antes de una sesión de fotos o de un evento. Esa nueva dimensión sagrada que yo estaba confiriendo al proceso de embellecimiento nos resultaba especialmente útil y nos estabilizaba mucho cuando estábamos de gira, tanto a mí como a mis clientes. Siempre que viajábamos de una ciudad a otra, y de un país a otro cuando estábamos de gira musical, yo llevaba conmigo un espacio sagrado portátil con cristales y aceites, e incluso conseguía que algunos integrantes del grupo se pusieran collares de cristales que les dieran buena energía en el escenario. Todos esos rituales nos ayudaban a estabilizarnos y a reconectar con un espacio de calma en medio del alboroto cotidiano.

Inspirada por la creciente conexión con la belleza interior en mi faceta de maquilladora profesional, empecé a investigar más a fondo los rituales de belleza y a interesarme mucho por los cristales como herramienta para conseguir más belleza interior. Me hizo mucha ilusión descubrir que en el antiguo Egipto se utilizaba polvo de minerales como la malaquita o el lapislázuli para maquillar a las diosas. Imaginad por un momento la clase de sentido de la belleza que debía de existir en aquella época si las personas se dedicaban a añadir materiales espirituales a sus productos de belleza. Ya hace mucho tiempo que sabemos que cultivar la belleza no es un ejercicio de vanidad, sino un proceso esencial para estar más conectados con lo divino.

Cuando miro atrás entiendo que el universo me ha estado guiando por mi camino espiritual, y que ese camino siempre ha estado salpicado de minerales. La primera vez que me sentí atraída por los cristales estaba pasando por un momento difícil. Me sentía emocionalmente mal, había tenido un rebrote de la enfermedad de Crohn, y estaba buscando algo en lo que apoyarme para ayudarme a recuperarme. Empecé a acudir a sesiones de curación con cristales. Recuerdo muy bien mi primera sesión, cuando entré en aquel espacio sagrado y sentí la energía de los preciosos minerales que tenía ante mis ojos. Enseguida me transporté al mismo espacio de belleza serena y paz interior que había sentido cuando paseaba por la playa recogiendo piedras con mi madre. Y así nació mi aventura amorosa con los cristales.

Cuando conocí a mi marido, Louis, mi viaje espiritual se aceleró. En aquella época él dirigía un centro de educación terapéutica, enseñaba meditación y ofrecía terapia a adolescentes con problemas de Londres.

Enseguida encontramos una forma fantástica de combinar nuestras pasiones y organizamos un grupo de meditación en el que Louis dirigiría las meditaciones y yo aportaba las vibraciones Shanti con mis cristales, aceites y cuencos tibetanos. Los amigos que se unieron parecieron encontrar un profundo sentido de la conexión y el espacio sagrado en esos rituales.

Cuando nos casamos, nos tomamos un periodo sabático y viajamos por la India, desde Kerala hacia el norte. La Madre India me abrió el corazón. Recuerdo haber experimentado sentimientos de asombro y alegría al ver su arcoíris de colores, los olores a incienso en cada esquina, las exquisitas telas y las joyas. Me conmovió descubrir que la India ha conservado con orgullo este conocimiento sagrado durante miles de años, utilizando objetos preciosos, olores y colores para mantener a las personas conectadas a ese espacio de belleza interior. Durante nuestra aventura nos sumergimos en la cultura local, nos alojábamos con familias indias y participábamos de sus rituales cotidianos, sus festivales religiosos y las ceremonias, y aprendimos que la espiritualidad y el valor de lo sagrado estaba integrado en muchos aspectos de la vida diaria. En Pushkar nos hicimos amigos de un profesor espiritual, Jaggu, que tenía un sencillo áshram construido alrededor de un ficus Banyan a orillas del lago sagrado. En ese pequeño espacio compartía su sabiduría y amaba con libertad sentado junto a un fuego sagrado. Alrededor de aquel fuego, en ese humilde espacio, siempre tenía flores preciosas, aceites e incienso. Para celebrar aquel espíritu de belleza y ritual sagrado, yo empecé a recolectar las cosas más bonitas que encontraba. Ahí fue cuando empezó a florecer la semilla de The Colourful Dot. Mi forma de enfocar esta tienda *online* consistió en crear un espacio desde el que ayudar a nutrir esa preciosa y sagrada conexión entre la belleza interior y la exterior, ofreciendo cristales, aceites sagrados y otros objetos inspiradores que pudieran utilizarse para crear espacios sagrados y para hacer rituales de belleza interior.

Mi apreciación por los rituales sagrados aumentó cuando hice un peregrinaje por las montañas de Perú y Bolivia acompañada de personas muy sabias. Tuve el gran honor de viajar con ancianos indígenas de las tribus q'ero, quechua, aymara y chumash. En estas, los rituales no se hacen para conseguir beneficios personales, sino para demostrar gratitud y respeto por Pachamama (la Madre Tierra). La única idea que anidaba en mi corazón era *ayni*, un concepto de los nativos andinos que describe el «intercambio sagrado» o reciprocidad, que es de vital importancia porque todos estamos conectados a través de la energía. Cuando vimos el amanecer del solsticio de invierno desde lo alto de una montaña sagrada en la isla del Sol, los locales nos abrieron sus corazones de forma espontánea, compartieron con nosotros sus canciones y su comida, y nosotros les correspondimos con nuestras canciones y presentes. Era el *ayni* en acción. Ese periodo de mi vida me hizo tomar más conciencia de que todo, desde la tierra por la que caminamos, a las piedras que encontramos en la playa hasta el agua en la que nos bañamos, tiene un espíritu único que está en continua transformación con el mundo. ¿Sabías que los lirios no solo nos dan oxígeno sino que también eliminan toxinas como el benceno y el amoníaco del aire? Nosotros honramos la belleza y la generosidad de ese espíritu, en la naturaleza y en nuestro interior (a fin de cuentas, nosotros también somos naturaleza), a través de la reciprocidad y el ritual.

Cuando miro hacia delante, me siento muy agradecida por haberme embarcado en ese viaje. Cuanto más aprendo mediante el estudio y la práctica, más cuenta me doy de lo importante que es regresar a ese espacio de belleza interior, de bondad, gratitud y amor. Y volver a ese espacio es una práctica infinita que todavía me cuesta esfuerzo algunos días. Pero no importa lo mucho que nos desviemos del camino, el nuevo día siempre nos presenta una nueva oportunidad para empezar de cero. Espero que este libro conecte contigo a algún nivel. Incluso aunque solo te quedes con una idea o alguna práctica que te inspire para brillar con más fuerza, ya será suficiente.

Breve historia sobre la belleza y los rituales

La belleza y los rituales van de la mano. Un ritual sin belleza es pura rutina.

Piensa en un momento en la rutina diaria de ir a trabajar. ¿Cuántas veces conectas con la belleza que te rodea? Yo creo que, para la mayoría de nosotros, el trayecto hasta el trabajo solo es una forma de llegar del punto A hasta el B. Estamos concentrados en el destino y raramente pensamos en el trayecto. El famoso violinista Joshua Bell[2] llevó a cabo un experimento alucinante. Pasó un día en una estación de metro de Washington DC. tocando algunas de las canciones más bonitas que se han compuesto. Casi nadie se paró a escuchar, con la excepción de una niña pequeña que aminoró el paso para escuchar y a quien su madre apremió para que caminara más rápido. Se concluyó que cuando nos concentramos en la rutina, cuando nos concentramos en el destino, nos perdemos la belleza que se encuentra a nuestro alrededor en situaciones cotidianas.

Es increíble pensar que nuestros primeros ancestros, los que habitaron esta Tierra hace cientos de miles de años, consiguieron encontrar el tiempo para señalar y apreciar la belleza a pesar de vivir rodeados de riesgos mucho mayores de los que corremos hoy en día. En una construcción funeraria de la Edad de Piedra que descubrieron en Francia descansaban dos mujeres que habían sido enterradas mediante un ritual con preciosos collares hechos con conchas de caracol. Lo increíble del descubrimiento es que la belleza de los collares haya sobrevivido al paso del tiempo.

En la antigua Grecia, el concepto de belleza era un elemento clave de la vida, pero era bastante evidente que no solo se refería al aspecto físico, sino también a las buenas acciones; nuestra forma de actuar en la vida puede ser hermosa y contribuir al bien común. La palabra griega para describir la belleza, *kalos*, se emplea para referirse a alguien o algo estéticamente bello y virtuoso.

Muchas culturas indígenas comprenden, desde hace mucho tiempo, la conexión que hay entre la belleza interior y la exterior, y la canalizan hacia el mundo exterior mediante oraciones, danzas, artes, rituales y ceremonias. Los indios navajos utilizan mucho un concepto que me tiene totalmente enamorada llamado «La Senda de la Belleza». La Senda de la Belleza es una filosofía de vida, y su principal objetivo es el de apreciar y conservar la belleza del mundo que nos rodea y que habita nuestro mundo interior. Es más, la belleza no es solo una cuestión estética, también es el conjunto de cualidades que cultivamos en nuestro interior. La bendición de La Senda de la Belleza es:

> *Shil hózhó*, «conmigo hay belleza»;
> *shii' hózhó*, «en mí hay belleza»;
> *shaa hózhó*, «yo irradio belleza».

Dedica un momento a leer estas afirmaciones y reflexiona sobre ellas. Cuando permito que mi corazón conecte con la sabiduría ancestral que contienen estas afirmaciones, me lleno de inspiración y esperanza. Según la tradición de La Senda de la Belleza, cuando alguien siente que ha perdido la harmonía con la vida y necesita cariño, le proporcionan una medicina en forma de preciosas ceremonias que la propia tribu lleva a cabo para reconectar a esa persona con su sentido de la belleza. En esas ceremonias de La Senda de la Belleza cantan canciones y hacen pinturas con arena, todo con el propósito específico de curar al «paciente». Y el «paciente» participa de todo ello, cantando canciones, e incluso termina pisando la pintura de arena para poner fin a la sesión de curación. Gary Witherspoon, un experto en la cultura de los nativos americanos, describe de esta forma el espíritu de esta ceremonia: «La pintura de arena no es solo para ser admirada, sino para ser absorbida, y su belleza y harmonía sanan mente y cuerpo».

¡Imagínatelo! Cada vez que te sientes mal, tus seres queridos se reúnen a tu alrededor y cantan preciosas canciones, hacen bonitas obras de arte para ti y te dicen hermosas oraciones (conmigo hay belleza), y tu única responsabilidad es aceptar la belleza que te están entregando (en mí hay belleza), para que puedas volver al mundo y brillar con luz propia (yo irradio belleza). Sin haberlo planeado de forma consciente, yo ya estaba integrando aspectos de La Senda de la Belleza en los grupos de meditación que tenía con mi marido. Al crear un espacio hermoso para amigos donde poder conectar y abrirnos de verdad los unos a los otros, en lugar del habitual parloteo en el que solemos sumergirnos en nuestras vidas aceleradas, todos experimentamos una gran sensación de apertura y curación, además de construir un gran sentido de comunidad, de ayudarnos los unos a los otros a concentrarnos en aquello que más nos importaba, y en el lugar que queríamos ocupar en el mundo.

Uno de los aspectos de la belleza y los rituales que se puede observar a lo largo de la historia es la celebración de la belleza salvaje de la naturaleza. Estas tradiciones suelen referirse a la naturaleza como si de una figura maternal se tratara, que proporciona vida y sustento: en la tradición nativa americana tenemos a la Madre Tierra, y los incas la llamaban Pachamama. Cuando estuve en Perú aprendí que los rituales relacionados con la Madre Tierra están destinados a devolverle algo (comida, tabaco, dulces) como muestra de aprecio. Me encantan estas tradiciones y el contraste que presentan con la vida moderna, en la que llevamos mucho tiempo dedicándonos a coger todo lo que queremos de la Madre Tierra sin darle nada a cambio.

Muchos de estos rituales se asientan sobre un gran respeto por la belleza femenina y el poder de la naturaleza. La naturaleza es salvaje. A veces puede parecer serena, apacible, dar la sensación de que fluye, y otras veces puede parecer furiosa y destructiva. Pero en sus ciclos subyace una belleza que yo creo que debe ser celebrada. Los ciclos son la clave. Piensa en el ciclo de la luna o en el balanceo de las mareas. Si aceptamos los ciclos de nuestra vida, podemos encontrar mucha paz y también olvidarnos de la idea de que siempre deberíamos aspirar a más: más felicidad, más energía, más bondad. Como nos recuerda el verso de la Biblia (Eclesiastés 5:7): «Hay un tiempo para plantar y otro para cosechar [...] un tiempo para demoler y otro para edificar».

Además del conjunto de los ciclos de la Madre Tierra, según muchas tradiciones indígenas, las plantas, los árboles y los animales del mundo natural tienen un espíritu al que podemos recurrir en busca de protección mediante un ritual. En la tradición celta (los celtas son los indígenas británicos), cada montaña, río, árbol, planta, animal o roca tenía un espíritu al que debían rendir culto. Los espíritus del agua eran particularmente respetados porque proporcionaban vida, y por eso se celebraban rituales curativos en manantiales naturales. Se dice que el río Támesis que cruza Londres recibe su nombre de la diosa celta Támesis.

Aunque hoy en día pueda parecernos que algunas de esas creencias antiguas están un poco desfasadas, si conjuramos el estereotipo del *hippy* que va por ahí abrazando árboles, todos podremos apreciar el poder de la naturaleza. Los que vivimos en la ciudad sabemos, de forma instintiva, que cuando necesitamos rejuvenecer tenemos que ir al campo, al bosque o al mar. Estar en la naturaleza despierta algo en nosotros, apreciar su belleza, incluso la nuestra propia, que nos levanta el ánimo y nos devuelve cierta sensación de equilibrio. Cuando estamos en contacto con la naturaleza podemos dejar de mirar el reloj, desconectar de nuestros aparatos electrónicos, aclarar las ideas, bajar el ritmo e inspirarnos. El poeta romántico John Keats capturó perfectamente la eterna belleza de la naturaleza, cuyos famosos versos rezaban: «Para ver el mundo en un grano de arena / y el cielo en una flor silvestre / abarca el infinito en la palma de tu mano / y la eternidad en una hora».

Una de las lecciones que me ha enseñado la naturaleza es que las cosas pueden ser hermosas aunque no sean «perfectas». Y la tradición japonesa ha desarrollado una asombrosa forma muy sencilla de celebrar la imperfección de la belleza de nuestra propia naturaleza. El concepto se llama *wabi-sabi*. Las palabras hacen referencia a «la sabiduría y la belleza de la imperfección» (Taro Gold). Uno de mis ejemplos preferidos de *wabi-sabi* es la ceremonia del té japonesa, en la que se eligen los utensilios por su simpleza: son rústicos, asimétricos y, a veces, incluso les hacen alguna muesca a propósito. Pero es la forma que tienen de emplear aquellos utensilios con tanta delicadeza, elegancia y valoración lo que lo convierte en un ritual tan bello.

Hoy en día podemos sentirnos presionados por la idea de que deberíamos conseguir que las cosas sean superperfectas. Yo me he dado cuenta de que la mujer moderna en particular puede quedar fácilmente atrapada por la expectativa de ser una supermujer: ser la madre perfecta, la esposa o pareja perfecta, la amiga perfecta, la mujer de carrera perfecta y, al mismo tiempo, tratar siempre de tener buen aspecto. Para alimentar el jardín interior que es nuestra belleza interior podemos aprender mucho de nuestros ancestros y de cómo nos enseñaron a aminorar el ritmo, a concentrarnos en las cosas hermosas, en especial en la naturaleza, a buscar la belleza de todas las cosas, incluso o especialmente de aquellas cosas que puedan parecer imperfectas a primera vista. La vida no es perfecta. En algún momento a todos se nos agrietará la porcelana de nuestra vida. Y en lugar de esconder esas imperfecciones debajo de la alfombra en la carrera por alcanzar alguna meta perfecta, las sabias tradiciones ancestrales nos enseñan que podemos aceptar esas grietas y ver la belleza que hay en ellas.

Define tu belleza interior

«El problema es que tienes miedo de aceptar tu belleza.
Pues se acabó. Yo me siento delante de ti porque veo tu belleza,
aunque tú no la veas.»

Ram Dass

Antes de adentrarnos en los rituales de belleza interior que he reunido para ti en estas páginas, me gustaría comenzar nuestro viaje con un pequeño ritual. Este ejercicio te ayudará a entender lo que significa para ti la belleza interior. Lo que descubras en este ejercicio te guiará mientras sigues cultivando la belleza que llevas dentro.

Para empezar creo que te ayudaría mucho escribir un diario que puedas dedicar por completo a tu belleza interior. El diario podría ser una fuente de inspiración para ti. En él puedes anotar citas que te inspiren, imágenes que invoquen cualidades de belleza interior para ti, reunir hojas bonitas que has recogido. También podrás escribir en él las respuestas a algunas preguntas que te haré a lo largo de este libro. En la primera página del diario escribe: «Para mí la belleza interior es…».

Ahora deja el bolígrafo un momento. Quizá te vaya bien cerrar los ojos para hacer este ejercicio. Respira hondo, suelta el aire y libérate del estrés y la tensión. Piensa en una flor hermosa. Fíjate en cómo es, de qué color es, cómo huele, qué te hace sentir. Ahora has conectado con un espacio de belleza interior; piensa en alguien que tenga mucha belleza interior. Puede ser alguien que conozcas. También puede ser alguien que no conozcas.

Podría ser alguien sobre quien hayas leído. Incluso podría ser un personaje de ficción, un héroe o una heroína, un dios o una diosa, un maestro espiritual, o una persona normal que tenga esa cualidad luminosa. Confía en la imagen que te muestre tu mente. Cuando ese ejemplo de belleza interior cristalice en tu imaginación, dedica un tiempo a explorar qué es exactamente lo que tiene esa persona que tú asocias a la belleza interior. ¿Qué cualidades representa para ti? ¿Es amable, compasiva, agradecida, alegre, comprensiva, generosa, serena, elegante, siempre cuida de los demás o alguna otra cosa? ¿Qué gestos hace, qué cosas hace que puedan representar la belleza interior para ti? Ahora dedica un momento a sentir lo que es estar en su presencia. ¿Qué sientes y cómo lo sientes en tu cuerpo? Quizá notes cierta calidez en el corazón, sonrías por dentro, o solo experimentes una sensación como de estar en casa. Cualquiera que sea la sensación, dedica un momento a explorarla. Esa es tu forma de sentir la belleza Interior.

Cuando creas que ya has explorado esa imagen de belleza interior tanto como necesitabas, anota las cualidades que hayas reconocido en esa persona. A continuación o junto a esa lista, anota algunas palabras que describan las sensaciones que te haya provocado ese ejemplo de belleza interior.

Ahora échale un vistazo a la lista y piensa si añadirías algo que asocies a la belleza interior. Si te sientes creativa, puedes dibujar algo que represente la belleza interior o decorar la página con cosas bonitas, como flores secas o telas hermosas.

Esta página te servirá como recordatorio. Puedes volver a explorarla siempre que te sientas desconectada de tu belleza interior. Incluso puedes ponerla en tu espacio sagrado.

Bondad

Paciencia

Compasión

Comprensión

Elegancia

Generosidad

Gratitud

Humildad

Valentía

Seguridad

Sinceridad

Amor

Cualidades de belleza interior

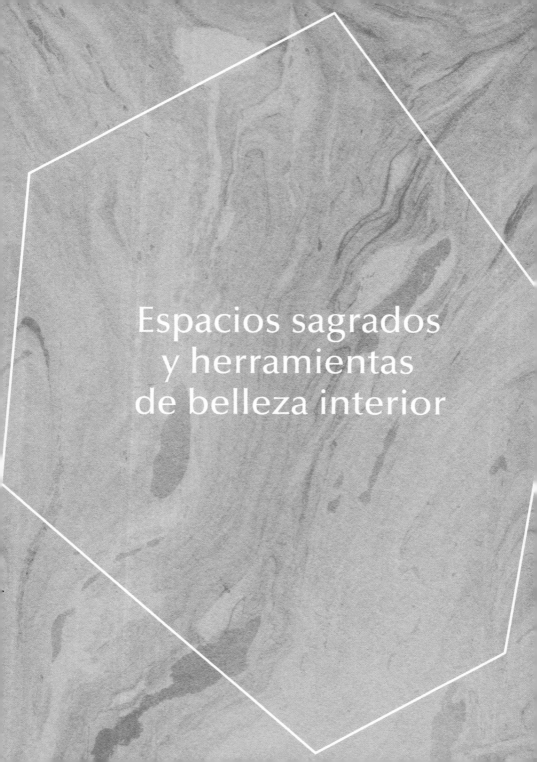

Espacios sagrados y herramientas de belleza interior

2

Un espacio sagrado es
un regalo para el alma

«Un espacio sagrado es un lugar donde puedes
encontrarte a ti misma una y otra vez.»

◇

Joseph Campbell

Un espacio sagrado no es más que un rincón de la casa donde colocamos una serie de objetos hermosos que son especiales para nosotras. El espacio sagrado es un regalo para el ama, un espejo que refleja nuestra belleza interior. Siempre que me siento mal, la belleza sagrada de ese espacio me ayuda a reconectar con mi mente y mi corazón, es un precioso recordatorio de la persona que quiero ser.

No tienes que ser religiosa ni espiritual para tener un espacio sagrado. Lo único que necesitas es desear de todo corazón ser la mejor versión de ti misma. Uno de los mayores retos de la vida es recordar cómo queremos ser en el mundo. Yo sé por propia experiencia que por muy buenas que sean mis intenciones y lo muy decidida que esté a mantenerme centrada y hermosa por dentro, a veces la vida puede ser abrumadora y me olvido de todo, y me descubro preocupada por mi bandeja de entrada llena de correos a los que debo contestar y la lista de cosas pendientes que no deja de crecer. Jonathan Z. Smith describe ese espacio sagrado como una «lente focal». Lo hermoso de un espacio sagrado es que, cuando lo tengas perfecto, te ayudará mientras siga donde lo dejaste y conseguirá que tu corazón cante de alegría, por lo que te sentirás magnéticamente atraída hacia él cada día.

41

Diseña tu espacio sagrado

«Hay quien busca un lugar hermoso, otros lo construyen.»

◊

Hazrat Inayat Khan (maestro sufí)

ENCONTRAR EL ESPACIO

Para crear un espacio sagrado primero tienes que decidir en qué lugar de tu casa podrás pasar tiempo de forma regular sin muchas distracciones. Quizá puedas elegir algún espacio en el que suelas estar todos los días. Incluso aunque solo lo veas al pasar y mires los preciosos recordatorios que tienes allí, a veces será cuanto necesites. Pero tiene que estar lo bastante apartado como para que no tengas que mover los objetos que dejes en él.

Para encontrar el lugar adecuado busca un momento para darte una vuelta por tu casa y percibir, tanto desde un punto de vista práctico como sensorial, dónde crees que debería estar ese espacio. Si estás relativamente relajada, te será más fácil elegir el espacio sagrado. Recuerda que un espacio sagrado es uno de los mejores regalos que puedes hacerte; por eso, mientras pases por este proceso, debes abrir tu corazón y pensar en ti misma con ternura.

Antes de darte ese paseo por tu casa, dedica un momento a quedarte en un sitio e imaginar que unas raíces conectan tu cuerpo a la tierra y te sientes apoyada, estable y protegida. Cuando sientas que estás preparada, paséate por tu casa hasta que identifiques el espacio al que podrás acudir siempre que necesites esa inyección de belleza interior.

Cuando hayas encontrado el sitio perfecto, lo siguiente que debes hacer es limpiar la mala energía que pueda haber en ese sitio. ¿Alguna vez has entrado en algún sitio y te has sentido incómoda incluso a pesar de que no había nadie? Las energías emocionales y espirituales pueden quedarse en un espacio; pueden residir en objetos materiales como los tablones del suelo y los muebles, e incluso pueden quedarse flotando en el aire. Ese es el motivo por el que tantas tradiciones antiguas se sirven de la limpieza para purificar la energía de los espacios. Algunas de las herramientas que puedes utilizar para limpiar tu espacio sagrado pueden ser sonidos, plantas, aceites y ciertas maderas. Exploraremos con más detalle las distintas herramientas de limpieza un poco más adelante.

ELIGE LOS OBJETOS PARA TU ESPACIO SAGRADO

Cuando hayas encontrado y limpiado tu espacio sagrado, el siguiente paso consiste en elegir los objetos que se unirán para convertir tu espacio en un lugar verdaderamente sagrado. Los mejores objetos son aquellos que tengan un significado especial para ti, los que te ayuden a recordar tus mejores cualidades, como la compasión, la creatividad, la paz y el amor. Antes de comprar nada, te recomiendo que observes con atención tu casa y el jardín y mires lo que ya tienes. Es importante que cuando explores tu casa estés en un espacio mental apacible y conectada al corazón, porque solo encontrarás los objetos sagrados desde ese espacio mental. Quizá tengas algún objeto que trajeras a casa después de un día o algún viaje especial, como conchas bonitas de alguna playa o un recuerdo que compraras en algún momento especial. Mientras te paseas por casa en busca de objetos sagrados, debes pensar en estas cosas: ¿qué clase de sentimientos, pensamientos o sensaciones me provoca este objeto? ¿Quiero que en mi vida estén más presentes esos sentimientos, pensamientos y sensaciones? Si la respuesta a la segunda pregunta es un SÍ rotundo, entonces ese objeto podría ser un compañero perfecto para tu espacio sagrado. Si no puedes encontrar nada evidente en tu casa, no te preocupes, a medida que vayas aprendiendo sobre las herramientas de belleza interior en este capítulo, irás entendiendo con mayor claridad la clase de objetos que pueden irte mejor. En Internet también puedes encontrar mucha inspiración, o en mi página de Instagram: @thecolourfuldot.

CREAR Y ALIMENTAR EL ESPACIO SAGRADO

Crear el espacio sagrado ya es un acto de meditación. Cuando coloco bien los objetos de mi espacio sagrado, es una forma de arte sagrado. Y arreglar mi espacio sagrado siempre me hace sentir hermosa por dentro. Cuando estés contenta con tu espacio sagrado, es recomendable que elijas un propósito general asociado a ese espacio. ¿Qué cualidad quieres recordar cada vez que te acerques a tu espacio? Quizá quieras que tu espacio te recuerde que debes estar en paz, ser más cariñosa o compasiva. Cualquiera que sea tu caso, puedes anotar tu propósito general en un trozo de papel y dejarlo expuesto en tu espacio sagrado.

Pero crear el espacio sagrado solo es el principio. Y yo pienso que una vez creado ayuda mucho alimentarlo con regularidad. Recuerda que tu espacio sagrado es el jardín donde crecerá tu diosa interior. Si quieres algunos consejos para alimentar tu espacio sagrado, ve a la página 92.

Meditación en el espacio sagrado

A mí me encanta estar en mi espacio sagrado. Lo mejor de tener un precioso espacio sagrado es que facilita mucho la meditación: a veces me quedo allí con los ojos abiertos y dejo que la belleza que tengo delante me levante el ánimo. A veces cojo alguno de los objetos de mi espacio sagrado, me concentro en él y lo utilizo para meditar. Por tanto, si creo que necesito alimentar mi corazón, cojo un cuarzo rosa (el cuarzo rosa se asocia al amor), cierro los ojos y me voy concentrando poco a poco en mi respiración. Cuando cojo aire pienso en la palabra «amor», noto cómo se me expande el corazón y visualizo mi cuerpo llenándose de una suave luz rosa. Cuando suelto el aire, imagino que expulso la energía indeseada.

Si eres de esas personas a las que la meditación les parece demasiado intensa, no tienes por qué preocuparte. El acto de crear y alimentar de forma natural tu espacio sagrado es una forma de meditación en sí misma. Lo más importante de los espacios sagrados es que son una ventana a tu Yo Superior, tu diosa interior. Y mientras sigas limpiando esas ventanas, serás capaz de encontrarte a ti misma una y otra vez.

Qué herramientas debes utilizar en tu espacio sagrado

Cristales

Breve historia de los cristales

Aunque quizá haya quien al pensar en cristales automáticamente conjure imágenes de *hippies* místicos con el pelo largo lleno de flores, en realidad los cristales han sido un elemento muy valorado por muchas civilizaciones distintas durante miles de años. Y no es de extrañar. Cuando coges un cristal por primera vez, no puedes evitar sentirte conmovida por la belleza mágica de estos regalos de la Madre Tierra. La belleza de los minerales se celebraba ya en los tiempos bíblicos. En el libro de Ezequiel del Antiguo Testamento se puede leer:

> Estabas en Edén, en el jardín de Dios, adornado con toda clase de piedras preciosas: rubí, crisólito, jade, topacio, cornalina, jaspe, zafiro, granate y esmeralda [...] y especialmente preparados para ti desde el día en que fuiste creado.

Me encanta pensar que los cristales han sido nuestros fieles compañeros a lo largo de toda la historia de la humanidad. No solo se recogían por su rareza, también por sus propiedades curativas, como podemos ver en esta cita de un antiguo texto místico hebreo llamado Baba Batra:

> Abraham llevaba una piedra preciosa colgada del cuello que sanaba de forma inmediata a cualquier enfermo que la mirara, y cuando nuestro padre Abraham dejó este mundo, el Santísimo la colgó de la esfera del sol.

La palabra «cristal» en realidad viene de la palabra griega *krustallos*, que significa «hielo». Cuenta la historia que cuando los griegos vieron cuarzo por primera vez en las montañas pensaron que eran trozos de hielo sagrado enviado del cielo. Los soldados griegos se frotaban hematita en polvo por todo el cuerpo cuando se preparaban para entrar en batalla, porque creían que eso les haría invencibles.

Mientras los antiguos guerreros griegos utilizaban estos minerales para protegerse en una batalla, las damas de la realeza del antiguo Egipto, como Cleopatra, molían lapislázuli y malaquita para emplearlas como maquillaje, porque creían que les concedería belleza física y sabiduría espiritual. En realidad, el uso de estos cristales se extendió a muchos aspectos de la vida de los egipcios, como la costumbre de colocar un trozo de cuarzo en el entrecejo de una persona fallecida cuando la preparaban para enterrarla. Se cree que lo hacían para ayudar al difunto a cruzar con delicadeza a la otra vida. Otro ejemplo famoso del uso que los egipcios hacían de los cristales es la tectita dorada de Libia con la que está confeccionado el escarabajo de la gargantilla de Tutankamón. Los antiguos egipcios la llamaban «roca de los dioses» y creían que invocaba el poder del sol y concedía protección espiritual a quien la llevaba.

En algunas tradiciones nativas americanas se refieren a los cristales como «huesos de la Madre Tierra» y se los considera una medicina muy poderosa que debe tratarse con amor y respeto. La turquesa es una de las piedras que goza de mayor respeto entre los nativos americanos. Existe un mito precioso que cuenta que, después de una terrible sequía, los nativos americanos bailaron y lloraron de alegría cuando llegó la lluvia. Y la lluvia se mezcló con sus lágrimas, se internó en la Madre Tierra y se convirtió en turquesa. Estas culturas indígenas siempre han utilizado la turquesa para hacer joyas y talismanes con el objetivo de proteger a la persona que la llevara. Si alguien se daba cuenta de que la turquesa que llevaba tenía una grieta, se entendía que era una señal de que la piedra le había protegido de alguna energía negativa.

La ciencia de los cristales

De acuerdo, quizá sigas pensando: «Un momento, ¡todo esto sigue siendo muy místico!». Voy a explicarte algunos datos científicos sobre los cristales que te ayudarán a comprender el auténtico poder de estas herramientas de belleza interior. Los cristales son un tipo de mineral (de la misma familia que los guijarros, la piedra pómez y el mármol) con una forma precisa de estructura molecular. Las moléculas de los cristales están dispuestas en un patrón geométrico fijo, repetitivo y regular. Como tienen esa estructura tan perfecta, los cristales suelen permanecer estables durante millones de años. En realidad los cristales son la materia más ordenada y estable del universo y gracias a ellos conservan con facilidad su frecuencia vibratoria. La física nos cuenta que cualquier objeto del universo vibra cuando se observa a nivel molecular. Incluso el inteligentísimo Albert Einstein dijo que todo en la vida era una vibración. Que el ojo humano no sea capaz de distinguir esas vibraciones no significa que no ocurran.

Como los cristales son capaces de conservar su frecuencia vibratoria, son mejores que cualquier otro elemento del universo para transmitir formas de energía en una dirección específica. Ese es el motivo por el que el cuarzo se utiliza para que los relojes den bien la hora, y por el que se utilizan chips de silicona en los ordenadores (la silicona es un cristal). Nos resultará más sencillo entender la importancia de los cristales y su estabilidad si tenemos en cuenta lo inestable que es el cuerpo humano, que está cambiando todo el rato. Se sabe que cada siete años cambiamos muchas de las células de nuestro cuerpo. Incluso por experiencia propia, todos podemos ver lo rápido que algunos atributos físicos como la piel y otros atributos invisibles como nuestros pensamientos o sentimientos cambian de un momento a otro.

Por eso es tan increíble que podamos contar con esos preciosos objetos de la Madre Tierra que, gracias a su estabilidad, pueden ayudarnos a los cambiantes humanos a hacer cosas alucinantes como conocer la hora y comunicar grandes cantidades de información a través de nuestros ordenadores.

«Los cristales son mejores que cualquier otro elemento del universo para transmitir formas de energía en una dirección específica.»

Cómo curan los cristales

«Los cristales son los ojos, los oídos, la nariz y la boca de la Tierra, y esta los emplea para ver, escuchar, oler y saborear. También utiliza los cristales para comunicarse con sus otros hermanos y hermanas, con los planetas del sistema solar. Todos los cristales que arrancamos de la tierra siguen conectados con el corazón de la tierra.»
Luc Bourgault

La belleza es una forma de curación poderosa en sí misma. Cuando estoy de mal humor o deprimida, suelo salir a comprarme unas flores que huelan bien, como jacintos, rosas o fresias. Las coloco en algún sitio donde pueda verlas y dejo que su belleza me levante el ánimo durante todo el día. Y para mí los cristales son algunos de los objetos más bonitos del mundo.

Pero además de por su belleza natural, ya hace miles de años que los cristales se utilizan por sus poderes curativos mágicos. ¿Y cómo curan? Bueno, como ocurre con otras muchas herramientas de sanación y medicamentos, no estamos seguros al cien por cien. Sin embargo, hay algunas explicaciones que para mí tienen mucho sentido. ¿Recuerdas que los cristales tienen una estructura molecular consistente que los convierte en objetos muy útiles para saber la hora? Cuando los humanos estamos en harmonía, todas nuestras partes (pensamientos, sentimientos, células, órganos) colaboran para apoyarse las unas a las otras: nuestro mundo interior es como una gran familia feliz. A cierto nivel los cristales curan porque, a través de esa estructura molecular tan consistente, consiguen que las energías inconsistentes estén en harmonía. Cuando entras en contacto con un cristal, te sincronizas con la frecuencia específica de ese cristal. Y esta vuelta a la harmonía se conoce como «resonancia».

Para comprender el concepto de resonancia quiero que imagines que vas paseando por una calle abarrotada: se escuchan las bocinas de los coches, máquinas excavadoras, personas gritando, el aire está cargado de polución. Mi corazón empieza a latir más fuerte y mi sistema se pone tenso cuando resuena con esta escena tan caótica. Por otra parte, si abandono esta escena y me voy a casa, enciendo algunas velas, pongo un poco de música relajante y me preparo un buen baño ritual, mi corazón aminorará el ritmo y mi cuerpo se relajará, porque mi sistema resonará con vibraciones muy distintas. En realidad, no dejamos de resonar con diferentes ritmos, aunque normalmente no somos conscientes de este proceso. En la naturaleza se dan muchos ejemplos de resonancia, como las luciérnagas que resuenan las unas con las otras para que sus luces brillen en perfecta harmonía.

Y normalmente es la vibración más débil, más caótica y menos estable la que resonará con la más fuerte, consistente y estable. Por eso los cristales son tan alucinantes: como son tan consistentes y su vibración es tan estable, normalmente resonamos con ellos. Además, los cristales nos ayudan a conservar nuestros propósitos. Cuando utilizamos un cristal en particular en un ritual o incluso aunque solo hayamos estado sentadas con él, nos servirá de precioso recordatorio cargado de energía del propósito que nos hemos hecho.

Cuando estuve con los sabios nativos norteamericanos y sudamericanos, comprendí mucho mejor cómo curan los cristales. Mis profesores me enseñaron que las piedras con las que trabajaban contenían la energía espiritual del lugar del que procedían. Según la sabiduría andina, algunas de las energías o espíritus más poderosos se asocian a las montañas sagradas (*apus*). Cuando una persona se va de peregrinaje por una de sus montañas sagradas, es posible que alguna piedra o cristal llame su atención. Esa piedra (*khuya*) contendrá la poderosa energía de ese espíritu de la montaña en particular. Y la persona puede llevarse esa energía en forma de piedra, y podrá utilizarla para curar.

Entonces ¿de qué forma puedes incorporar las energías sanadoras de los cristales en tu hogar y en tu vida cotidiana para que te ayuden a desplegar tu belleza interior? Una buena forma de empezar es colocar algunos cristales en tu espacio sagrado. En la página siguiente encontrarás una lista general de los principales cristales. A medida que avances por las páginas de este libro, encontrarás distintos rituales con los que podrás utilizar los cristales de diferentes maneras. Por ejemplo, en la página 131 hay un ritual relacionado con el sueño para el que tendrás que colocar ciertos cristales en el dormitorio. Otra gran forma de conectar con la energía curativa de los cristales en tu vida diaria es llevar joyas hechas con cristales. Yo tengo una colección de distintos collares hechos con cristales entre los que elijo en función de la energía con la que quiero conectar ese día. También puedes llevar cristales en el bolsillo o cerca del cuerpo. En la tradición andina las personas llevan los cristales y las piedras envueltos en un paño especial junto a otros objetos sagrados, y el paquetito se llama *mesa*. (Podrás leer más sobre este tema en la página 144.)

Algo que me preguntan mucho es: ¿cómo sé cuál es el mejor cristal para mí? Y el mejor consejo que puedo dar es que confíes en tu intuición. Elige de corazón, el que te parezca más correcto. Cuando estés mirando cristales quizá, te sientas atraída por alguno en concreto visualmente. Cuando sostengas un cristal en la mano, quizá sientas cierta conexión. Cuando tengas un cristal en la mano, presta atención para discernir si percibes algún sentimiento positivo desde dentro. Yo siempre he pensado que los cristales nos eligen a nosotros y no a la inversa.

Resumen de algunos de los cristales principales▽

Cuarzo rosa

El cuarzo rosa es una preciosa piedra rosa que pertenece a la familia del cuarzo. Se la conoce como la piedra del amor, está asociada al corazón e irradia energías relajantes cargadas de compasión y amor. El cuarzo rosa es como una suave rosa que abre sus pétalos para revelarnos su corazón y su auténtica belleza. En el antiguo Egipto las mujeres añadían polvo de cuarzo rosa a sus cremas de belleza porque creían que les concedería belleza y juventud eternas. Un poco más adelante te explicaré unos consejos de belleza que incluyen cuarzo rosa para animar tu habitual rutina de belleza. Me encanta lo que dice Joy Gardner sobre el cuarzo rosa: «Para los que tienen heridas de amor, el cuarzo rosa es la Madre Divina que les mece entre sus brazos mientras les transmite un amor incondicional».

Amatista

La amatista refleja suaves tonos de luz que se van oscureciendo hasta adquirir matices púrpura más intensos. Este cristal es conocido por proporcionar paz interior y protección. Luc Bourgault, que escribió uno de mis libros preferidos sobre cristales, *The American Indian Secrets of Crystal Healing*, comparte en sus páginas teorías sobre la amatista, que considera una poderosa piedra de protección: «La amatista es la piedra del viaje [...] muchas personas me han dicho que llevaban una amatista en el coche que les ha salvado la vida en alguna ocasión». La palabra amatista procede del griego y significa «sereno». Los griegos de la Antigüedad pensaban que los cálices hechos de amatista les protegían y tenían el poder de mantenerlos sobrios mientras tomaban vino. No puedo decir que haya puesto en práctica esta teoría, pero ¡me encanta la idea de las copas hechas de amatista! La amatista es una herramienta maravillosa para las sesiones de meditación y trabajo espiritual. Los elegantes tonos púrpura de la piedra transmiten serenidad. Gracias a esa cualidad relajante y apacible, es el cristal perfecto para tener en la mesita de noche, porque ayuda a generar una energía serena y relajada que ayuda a dormir bien. En los tiempos bíblicos se creía que esta piedra podía inducir sueños y visiones poderosas. Yo siempre tengo una amatista en la mesita de noche. Siempre que la miro me invade una sensación de protección y calma antes de quedarme dormida.

Cuarzo transparente

El cuarzo transparente es uno de los cristales más importantes del reino mineral. Este cristal tiene una preciosa transparencia incolora. Al mirarlo, se entiende que los antiguos griegos pensaran que se trataba de hielo eterno enviado por los dioses. El cuarzo transparente se asocia al chacra corona y atrae energías de concentración y claridad, que pueden ser grandes compañeras cuando necesitas tomar alguna decisión. El cuarzo transparente también es un gran amplificador de energía, cosa que lo convierte en un cristal maravilloso que nos ayuda a potenciar la vitalidad. Yo suelo llevar un cuarzo transparente a mis reuniones para que me ayude a concentrarme y me dé energía.

Piedra de luna

La piedra de luna procede de la familia mineral del feldespato. En la Antigüedad, en la Madre India, la piedra de luna era un regalo de bodas muy popular. También se creía que poniendo una piedra lunar sobre los labios de un amante durante la luna llena bendeciría el futuro de la pareja. La piedra de luna encarna la energía femenina, la diosa interior. A mí me encanta la piedra arcoíris por los maravillosos destellos iridiscentes que reflejan los colores del arcoíris. Esta piedra es un ejemplo perfecto de la belleza natural de la Madre Tierra. Ver cómo esta piedra refleja los distintos colores del arcoíris es como un espejo de los distintos matices de nuestra propia belleza interior. A mí me encanta utilizar la piedra de luna cuando quiero conectar con mi energía femenina: poderosa pero serena.

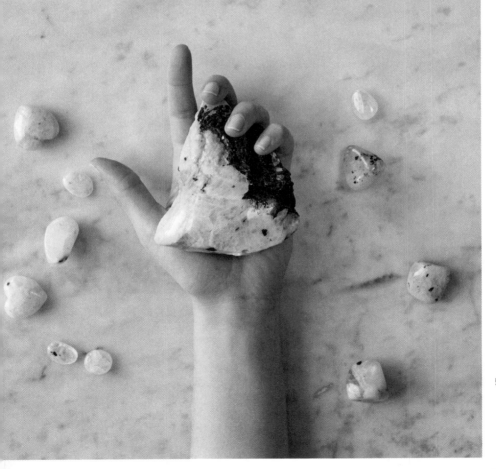

Cuarzo citrino

Este tipo de cuarzo recibe el nombre de la palabra francesa limón (*citron*). A causa de sus depósitos de hierro y otros efectos geológicos, refleja el color amarillo, que se presenta en distintos tonos, desde los más claros hasta los marrones. El cuarzo citrino es como el sol que proyecta sus rayos de luz a través del cielo gris hasta la Tierra, ayudando así a animar y llenar de energía todo lo que toque con su luz. Esta piedra también es maravillosa para manifestar abundancia y prosperidad. Como dice Naisha Ashian en su libro *The Book of Stones*: «Cuando uno elige el camino del amor y la alegría, y se abre al poder de la voluntad divina, el cuarzo citrino le ayuda a sacar lo más hermoso de sí mismo». Es muy común encontrar ejemplares de cuarzo citrino que en realidad son amatistas o piedras de cuarzo ahumado alteradas con calor para fabricar cuarzo citrino, imitando así el mineral amarillo que encontramos de forma natural en la Madre Tierra. El cuarzo citrino tratado con calor suele ser de un color naranja/amarillo más brillante, mientras que el cuarzo citrino natural suele ser de tonos amarillos o marrones más suaves. Hay mucha gente que cree que el cuarzo citrino tratado tiene las mismas propiedades curativas que el natural. A mí me gustan los dos, pero creo que el cuarzo citrino natural es más potente. Te recomiendo que intentes trabajar con ambos y compruebes qué variedad resuena mejor contigo.

Fluorita

La fluorita se encuentra en un precioso arcoíris de colores. Esta piedra puede ayudarte mucho cuando tengas proyectos creativos entre manos, para dar forma a tus ideas y para coserlas con un hilo de belleza. Por eso me encanta tener una fluorita arcoíris en mi mesa de trabajo. Cuando miro las capas de colores y las formas de esta piedra, me siento inspirada por la creatividad de la naturaleza.

Lapislázuli

El lapislázuli es una preciosa piedra de un color azul muy intenso hecha de una mezcla de minerales como la sodalita, trazas de pirita y franjas de calcita blanca. Se asocia al tercer ojo debido a ese color azul real. Ayuda a adquirir conciencia espiritual, cosa que convierte el lapis en una piedra maravillosa para la meditación profunda, en especial cuando queremos conseguir entender alguna situación más a fondo. En el budismo Mahayana, al buda de la medicina (el buda que cura el sufrimiento mediante la enseñanza de su sabiduría) se le llama rey de los maestros sanadores y de la luz del lapislázuli. Uno de los doce votos sagrados que se recitan cuando se reza a este buda dice: «Para despertar las mentes de los conscientes a través de su luz de lapislázuli». Esta visión ancestral me resulta muy poderosa y auténtica, y cuando trabajo con esta piedra siempre me siento mejor. La realeza egipcia también celebraba la energía especial del lapis, lo molían y lo utilizaban para perfilarse los ojos, pero también se adornaban el cuello con piedras de lapislázuli que les proporcionaba conciencia y verdad.

Turquesa

La turquesa es una preciosa piedra opaca que puede encontrarse en tonos
verdes o azules. Nos proporciona protección y nos ayuda a conectar con la
antigua sabiduría espiritual. La belleza de la turquesa ha sido muy valorada
por muchas culturas y suele utilizarse como talismán (un talismán es,
básicamente, un objeto que nos proporciona suerte y protección). Los navajos
consideran la turquesa una de las piedras más sagradas y la utilizan para sus
ceremonias especiales y ofrendas. En general, la turquesa es una herramienta
maravillosa que podemos llevar en forma de joya porque no solo es bonita,
además proporciona protección, especialmente durante los viajes. Esta piedra
estimula los viajes chamánicos, cosa que para mí significa tener acceso a
dimensiones más profundas de nuestra experiencia. A mí me encanta utilizar
las turquesas cuando quiero adentrarme más profundamente en mis sesiones
de meditación y conectar con las lecciones que he aprendido con los sabios
que he conocido.

Cómo purificar los cristales

Los cristales pueden contener energías indeseadas, pesadas o viejas, por lo que es importante limpiarlos de forma regular. La limpieza es especialmente importante cuando incorporas un cristal nuevo, o cuando has estado utilizando mucho algún cristal en particular, en especial durante alguna situación difícil. Cuando purificamos un cristal permitimos que brillen los auténticos poderes curativos y la belleza de la piedra. Hay muchas formas de hacerlo, desde las más sencillas a las más elaboradas, que conllevan cierta sensación de ritual. Yo tengo mis formas preferidas de limpiar mis piedras y ahora las compartiré contigo, pero te recomiendo que te decantes por el método que te vaya mejor.

Una de las formas más sencillas pero más elegantes de purificar un cristal es utilizando salvia o madera de palo santo. Cuando quemamos estas plantas, producen un olor y un humo particular. Siempre que las quemo, las muevo muy despacio y concentrada alrededor del cristal, observando cómo el humo dibuja un sendero purificador, se apodera de las energías indeseadas y se las lleva. Siempre que puedo, abro la ventana, porque así proporciono una ruta de escape a las energías indeseadas. Hablaremos de esta clase de herramientas de purificación con más detalle en la página 60.

Si tienes que limpiar más de un cristal, la forma más práctica y rápida de hacerlo es a través del sonido. Golpear un cuenco tibetano un par de veces o hacer sonar unas campanitas (*tingsha*) sobre tus cristales los ayudará a volver a su estado más harmónico con mayor rapidez.

Si te gusta la idea de utilizar algún ritual con agua para limpiar tus piedras (a fin de cuentas nosotros nos limpiamos con agua), puedes pasar tus cristales por debajo de un chorro de agua pura. La mejor es el agua natural en movimiento, pero si los pasas por debajo del grifo también servirá, porque el paso del agua se llevará las energías indeseadas. Sin embargo, debes tener una cosa en cuenta, a algunos cristales no les va bien el agua debido a su toxicidad o consistencia, así que es mejor que lo compruebes primero en una lista de cristales tóxicos.

Si tienes la suerte de vivir cerca de alguna fuente de agua natural y clara, te recomiendo que los lleves allí para limpiarlos de vez en cuando. En realidad no existe ningún lugar más poético para limpiar tus cristales que las aguas puras de un arroyo, un río o el mar. Hay un dicho zen que me encanta: «Sé como una roca en medio de un río, deja que el agua fluya a tu alrededor». Por desgracia, como yo vivo en Londres, no tengo ninguna fuente de agua limpia cerca. Pero siempre que salgo de Londres me gusta llevarme los cristales. Hace poco estaba en el precioso campo de Cotswold con mi marido, salimos a pasear y encontramos un precioso arroyo en el nacimiento del río Támesis. La energía era muy apacible. Me coloqué junto al arroyo, dije una oración y fui metiendo mis cristales uno a uno en el agua, dejando que la Madre Naturaleza les limpiara la energía (¡asegúrate de agarrarlos con fuerza para que no se escapen!). Cuando termines, dale las gracias al espíritu del agua. Quizá también quieras llevarte un poco de agua en una botella vacía para poder tenerla en casa y utilizarla un poco más adelante.

Cuando quiero limpiar mis cristales a fondo, los entierro. Suelo poner en práctica este método de limpieza cuando recibo un cristal nuevo o después de haber estado utilizando mucho algún cristal en particular. Este método ayuda a eliminar cualquier energía vieja o indeseada del cristal y devolverla a la tierra. Puedes convertir este proceso en algo más parecido a un ritual diciendo una pequeña oración antes de enterrarlos. Cuando hago este ritual de limpieza, le doy las gracias al cristal por el apoyo que me ha brindado y seguirá dándome, y después le ofrezco las energías a la tierra. Hay un espíritu andino, la Pachamama, a quien le encanta absorber nuestras malas energías (*hucha*). Nuestras malas energías son como alimentos para ella, que los digiere y los convierte en una energía dulce y refinada (*sami*). Yo suelo dejar el cristal enterrado durante un día y una noche enteros, incluso durante un par de días, y a veces incluso una semana, dependiendo del nivel de limpieza que creo que necesita ese cristal en particular.

Ya imagino que esta clase de ritual no estará al alcance de todo el mundo, en especial para los que vivan en la ciudad, donde la mayoría no tenemos jardín. En ese caso puedes enterrar los cristales en un cuenco grande de arena o en la tierra de alguna planta, y dejar el cuenco o la planta en el balcón o en algún sitio donde no pueda caerse.

El último método (pero definitivamente no el menos importante) que quiero compartir contigo se hace bañando los cristales bajo la luz de la luna. La luna tiene una energía hermosa y muy poderosa. En muchos culturas ha tenido tanta importancia honrar los ciclos de la luna como los del sol. Y, teniéndolo en cuenta, podemos dejar los cristales en el jardín o en el alféizar de la ventana durante una noche y, sencillamente, dejar que los preciosos rayos de la luna limpien la energía de nuestras piedras. Yo intento hacerlo una vez al mes aprovechando cuando hay luna llena, y también hago alguna meditación o digo una pequeña plegaria sobre los cristales antes de dejar que se limpien bajo la luz de la luna. No tiene por qué ser luna llena, pero es evidente que las lunas llenas son más potentes (como aprenderás en la sección de rituales naturales de la página 152).

HERRAMIENTAS PARA PURIFICAR O LIMPIAR

A veces tienes uno de esos días en los que parece que el universo te esté poniendo a prueba; quizá hayas mantenido alguna conversación incómoda, un desconocido te haya mirado mal, hayas discutido con un colega, un amigo o un socio. Y cuando llegas a casa sigues notando que te queda algún resto de esa desagradable energía residual. Cuando me pasa a mí, lo primero que me gusta hacer es darme una buena ducha caliente o un baño. En cuanto el agua caliente me toca la piel, empiezo a sentirme mejor emocionalmente, porque la tensión se marcha por el desagüe. Y esta idea de limpiar las malas energías es lo que subyace en las prácticas ancestrales de los rituales de purificación o de limpieza. En estos rituales se utilizan el sonido, olores y humo para limpiar esas energías. Ah, y además estas prácticas son geniales porque las puedes utilizar en cualquier lugar: en casa, en el despacho, o cuando estás de viaje. Puedes purificarte a ti mismo, puedes purificar objetos (como los cristales) y puedes purificar lugares. Es un ingrediente clave de la belleza interior.

La purificación consiste en quemar ciertas hierbas o maderas para crear humo sagrado. El humo, combinado con el propósito, nos ayuda a deshacernos de las malas energías o de las energías que se han quedado estancadas. Los nativos americanos y distintas culturas tradicionales llevan muchos años poniendo en práctica estas técnicas.

Existen muchas herramientas para purificar, como la salvia, la hierochloe odorata, la madera de cedro o la madera de sándalo, pero la que más me gusta es la madera sagrada del árbol de palo santo. Los palos de madera proceden directamente del árbol sagrado de Sudamérica y al quemarlos generan un sensacional humo mentolado y cítrico. ¡Me encantan las cosas que huelen bien! La madera se ha utilizado en rituales y ceremonias desde los tiempos de la civilización inca para proteger a las personas de las malas energías. En muchas tiendas de Perú hay cuencos llenos de madera de palo santo que sus propietarios queman para que el humo purifique a los clientes cuando entran en el establecimiento.

Los palitos son muy fáciles de usar. Yo prendo uno de los extremos hasta que la madera arde y sale el humo suficiente, después dejo que el humo se extienda alrededor de la zona u objeto que quiero limpiar. Va bien tener una concha grande —las conchas de abulón son ideales— para recoger la ceniza y las ascuas mientras utilices la herramienta de purificación que hayas elegido.

Los nativos americanos atan varias hierbas, como la salvia, y las queman, y creen que el humo sagrado que emana de la hierba se lleva al cielo las

plegarias y las bendiciones que recita la persona que está haciendo el ritual de purificación. La salvia blanca es una herramienta maravillosa que puedes utilizar si te has mudado a una casa o a un despacho nuevo porque genera mucho humo, y también te permite moverte por el espacio y purificarlo a fondo. Lo tradicional es utilizar una pluma para agitarla junto al extremo encendido y ayudar a mantener el flujo del humo, pero también para dar la bienvenida al espíritu del aire. Una vez aprendí una interesante variación de un método de purificación que me enseñó un sabio chumash amigo mío y que consiste en utilizar salvia para limpiar cualquier prenda antigua o de segunda mano u otros objetos usados que puedas comprar antes de utilizarlos. Y aunque me gusta el olor a salvia, también me parece un poco abrumador a veces, por lo que me gusta añadir un poco de lavanda seca, cosa que ayuda a endulzar el aroma, además de que aporta una energía relajante. Cuando estemos purificando, siempre es importante que nos aseguremos de que hay alguna salida por donde el humo pueda llevarse las malas energías, así que comprueba que, por lo menos, hay una ventana abierta siempre que sea posible.

Otra gran manera de purificar la energía de tu espacio es fabricando pulverizadores con líquidos en los que hayamos infusionado nuestros cristales. A mí me encanta utilizar este método porque es superrápido, pero ¡también porque así puedo utilizar mis cristales! Lo primero que necesitarás es un pulverizador. Si no tienes uno por casa, puedes comprar alguno en la red. El siguiente paso es elegir los cristales. Los que más me gusta utilizar para los rituales de limpieza son el cuarzo blanco o la amatista. Lo ideal es utilizar piedrecitas muy pequeñas o pedacitos de cristal pulido. Asegúrate siempre de que has limpiado bien los cristales que vas a utilizar y que les has transmitido tus bendiciones y tu propósito. Después, mete los cristales en el frasco y llénalo de agua filtrada o mineral. Para aumentar la potencia de la purificación y para añadir una buena fragancia, vierte un par de gotas de aceite esencial en el pulverizador. A mí me gusta utilizar aceites que estén asociados con la limpieza, como el de limón, la menta, la albahaca o el palo santo. Ahora que ya tienes listo el purificador, ya puedes utilizarlo y conseguir que la energía de tu casa sea fresca, positiva y limpia.

«Otra gran manera de purificar la energía de tu espacio es fabricando pulverizadores con líquidos en los que hayamos infusionado nuestros cristales.»

OBJETOS NATURALES

«En la naturaleza nada es perfecto y todo es perfecto. Los árboles pueden estar torcidos, combarse creando formas extrañas, y siguen siendo preciosos.»
Alice Walker

A menudo pienso que hemos tenido mucha suerte de haber nacido en la Madre Tierra, rodeados de la belleza de la naturaleza. Es como si la naturaleza estuviera dándonos pistas continuas sobre la belleza que atesoramos en nuestro interior. A fin de cuentas, formamos parte de la naturaleza, no estamos separados de ella, y a mí me parece muy útil recordarlo de vez en cuando. Yo sigo valorando los elementos naturales cuando envejecen y se pudren, a veces incluso más. ¿Alguna vez has admirado asombrada algún enorme árbol viejo con unas increíbles y mágicas raíces y ramas retorcidas? Ram Dass, uno de mis maestros preferidos, describe muy bien el poder de la naturaleza: «Cuando estás en el bosque y contemplas los árboles, ves muchos ejemplares distintos. Y algunos están torcidos, y otros están rectos, y algunos son perennes, y otros son lo que sea. Y miras al árbol y lo aceptas. Lo aprecias. Entiendes por qué es como es. Comprendes que no le llegaba la luz suficiente y por eso se torció hacia un lado. Y no te pones emocional. Sencillamente lo aceptas. Aprecias el árbol».

Probablemente ahora entiendas por qué me encanta utilizar objetos naturales como ingredientes en los rituales de belleza interior. Pero antes de empezar a examinar cada objeto natural en particular, es importante recordar que, cuando cogemos objetos de la naturaleza, siempre tenemos que hacerlo de una forma respetuosa y agradecida. Yo prefiero utilizar cosas que he encontrado, por ejemplo que hayan caído de un árbol; una buena forma de hacerlo es preguntándote si te sientes bien al coger algo en particular, incluso puedes pedirle permiso a la planta o a la flor, y después darle las gracias a la naturaleza por proporcionarte esas preciosas herramientas.

Antes de seguir leyendo, dedica un momento a pensar en esto: ¿cuál es tu mejor recuerdo relacionado con la naturaleza? ¿Dónde estabas, en el bosque, en la playa, en un campo? ¿Qué olías, veías, escuchabas? ¿Qué sentías? Deja que esos sentimientos te guíen mientras eliges los objetos que te conectarán con tu preciosa y profunda naturaleza.

Árboles

«Si siempre tienes un árbol verde en el corazón, quizá se acerque algún pájaro a cantar.»
Proverbio chino

A mí me gusta ver a los árboles como amigos recios en los que siempre puedo confiar. Los árboles son tan recios y tienen una belleza tan resistente que siempre me paro a apreciarlos cuando estoy paseando por la naturaleza. Los árboles tienen las raíces conectadas a la tierra y acarician el cielo con las ramas, por lo que pueden ayudarnos a estar centrados y a soñar al mismo tiempo. Y además tenemos una conexión vital con los árboles. Como afirma Les Stroud: «Cuando nosotros exhalamos, un árbol respira. Cuando un árbol exhala, nosotros respiramos». Uno de mis recuerdos más felices es de cuando me casé en un claro de un bosque, rodeada de esbeltos abedules (y me encantó cuando descubrí hace poco que a los abedules se les conoce como los árboles diosas o damas de los bosques). ¿Sabías que los árboles se comunican y se ayudan los unos a los otros a través de un Internet propio, unas complejas redes subterráneas de hongos que los conectan entre ellos?

No es de extrañar que haga tantos años que se celebra la sabiduría de los árboles. En la India, la higuera es un árbol especialmente sagrado y se cree que representa el cerebro humano y la morada de los dioses. Se dice que Buda se iluminó cuando estaba sentado bajo un árbol Bodhi, que era una higuera muy vieja y muy sagrada. ¿Tienes algún recuerdo especial asociado a los árboles?

La herramienta de belleza interior que más me gusta del mundo de los árboles es la madera que arrastra la corriente del mar. Aunque no vivo cerca de la playa, siempre que tengo la oportunidad me encanta ir a la costa y buscar esos insólitos y preciosos pedazos de madera que después coloco en mi espacio sagrado. Hay algo en el viaje misterioso que la madera ha hecho hasta llegar a ese punto que confiere a esas piezas una cualidad mágica.

Las piñas también son adquisiciones maravillosas para tu kit de belleza. El folclore considera que son las casitas de las hadas, además de ser lugares acogedores y frescos donde los viajantes cansados pueden descansar en el espacio protector de un árbol. Se dice que las piñas capturan esa energía protectora, por lo que puedes colocarlas en cualquier rincón de tu casa o del despacho para generar esa fresca sensación de rejuvenecimiento y apoyo. Las piñas también son geniales para decorar el espacio sagrado en otoño, junto a esas maravillosas hojas de tonos púrpura, granate y naranja, ramitas de roble y bellotas.

Flores

«La tierra se ríe a través de las flores.»
Ralph Waldo Emerson

Las flores proporcionan colorido y belleza a cualquier espacio. Hay pocos lugares donde no queden bien unas flores. Las flores son afirmaciones sagradas en el ciclo de la vida, y se utilizan para marcar las transiciones más importantes de la vida de los humanos, desde el nacimiento a las distintas celebraciones, hasta la muerte. ¿Y cómo puedes poner flores en tu mundo?

Te recomiendo de corazón que no esperes al próximo nacimiento o alguna fecha señalada para poner flores en tu vida. Las flores te alegrarán cualquier día del año, proporcionarán calidez y vida a tu corazón, tanto a través de los ojos como de la nariz. Y estas preciosas y fragantes amigas tienen una dimensión mucho más profunda. Las flores tienen energías curativas. Por ejemplo, tanto los budistas tibetanos y las tribus shipibo de la cuenca peruana del Amazonas emplean agua con infusión de flores para bañar a sus gentes. Se dice que estos baños de flores se llevan las malas energías y ayudan a recuperar el equilibrio. ¿No te parece fantástico? Cuando estuve en Perú, participé en ceremonias *(despachos)* en las que la abuela sabia recogía las flores más bonitas y las colocaba junto a otras ofrendas sagradas y unas creaciones parecidas a los mandalas. Un ejemplo del poder curativo de las flores en nuestra vida moderna lo encontramos en las muchas personas que se toman una buena taza de manzanilla para relajarse.

Casi cualquier flor puede proporcionar vitalidad, belleza y alegría a un espacio sagrado, pero hay algunas flores que son agentes curativos más potentes que otros, y que se emplean con sabiduría en rituales de belleza interior. Las que más me gustan son las flores fragantes como los jacintos, la lavanda y, por supuesto, las rosas. Los jacintos tienen una fragancia asombrosa, por lo que no es de extrañar que su perfume se haya celebrado durante miles de años por ayudarnos a desprendernos del pasado y concentrarnos en el presente. En el antiguo Egipto los jacintos se utilizaban para ayudar a las personas que estaban de luto. A mí me encanta poner jacintos en mi espacio sagrado, especialmente cuando me siento un poco baja de energía y quiero desprenderme de algún recuerdo. Seguro que ya sabes que la lavanda es una flor muy relajante que ayuda a conciliar el sueño. El aceite de lavanda también puede ayudar a reducir el estrés, curar quemaduras y picaduras, y levanta el ánimo. Incluso ya en tiempos de los romanos, la lavanda se utilizaba en los

rituales de baño. Yo utilizo la lavanda como ingrediente de belleza siempre que estoy estresada y necesito reconectar con ese espacio apacible que anida en mi interior. Me encanta desmenuzar unas ramitas de lavanda con las manos y oler la fragancia que desprenden. Ahora ya sabes que siento debilidad por las rosas desde niña. Y me enamoré más de esas flores el día que mi marido me pidió matrimonio en un jardín de rosas con vistas a la antigua ciudad de Jerusalén. Y después, en mi luna de miel, mientras viajábamos por la India, descubrí las rosas con la fragancia más deliciosa del mundo. Fue en la ciudad sagrada de Pushkar, en Rayastán, que está literalmente rodeada por todas partes de estos preciosos campos de rosas. También es uno de mis ingredientes preferidos para los productos de belleza, en especial en lo que se refiere al cuidado de la piel. Además de tener un olor que nunca deja de levantarme el ánimo, la rosa hidrata, tonifica y retrasa el envejecimiento. Y, como herramienta para fomentar la belleza interior, la rosa es, por supuesto, símbolo clásico del amor. Según la poética sabiduría sufí, la belleza de la rosa es lo que hace que cante el ruiseñor. Fíjate en estas preciosas palabras del poeta sufí Hafiz:

¿Cómo
hizo la rosa
para abrir su corazón

y darle a este mundo
toda su belleza?

Sintió el estímulo de la luz

contra su Ser,

de lo contrario,
todos seguiríamos

demasiado asustados.

A mí me encanta utilizar rosas en mi espacio sagrado y en mis rituales porque me recuerdan la belleza interior que todos tenemos dentro y que solo necesita la luz adecuada para mostrarse en todo su esplendor.

Pregúntate si hay alguna flor en particular por la que te sientas especialmente atraída. Cuando vayas a dar un paseo por la naturaleza, esfuérzate por conocer las flores que crecen a tu alrededor. Siéntelas. Tócalas. Huélelas. Si se lo permites, la naturaleza se comunica con tu belleza interior a través de las flores.

Plumas

Las plumas son magníficas herramientas multidimensionales de belleza interior que se han utilizado en rituales sagrados y mágicos a lo largo de toda la historia de la humanidad. Se acostumbra a pensar que representan los cielos y la sabiduría celestial, y utilizar una pluma para hacer rituales suele verse como un símbolo de sabiduría divina. Las plumas también simbolizan la ligereza y el elemento del aire. Dependiendo de dónde vivas, es posible que encuentres plumas por la calle cuando salgas a dar un paseo. Las plumas que pueden utilizarse como herramienta de belleza interior son: las de cuervo, que representan el mundo interior; plumas de cisne, que representan la elegancia y el equilibrio; plumas de golondrina, que representan la luz, la pureza y el nacimiento; y plumas de búho, que representan la sabiduría. Yo siempre tengo plumas en mi espacio sagrado, y me encanta utilizarlas para hacer ciertos rituales, en especial cuando son de purificación. Cuando quemes hierbas purificadoras, puedes utilizar una pluma para desplazar el humo alrededor de un espacio o una persona.

«Se acostumbra a pensar que representan los cielos y la sabiduría celestial, y utilizar una pluma para hacer rituales suele verse como un símbolo de sabiduría divina.»

Conchas

Las conchas nos proporcionan una conexión relajante, serena y enriquecedora con el espíritu del agua. Ya hemos visto que las conchas se utilizaban en rituales de enterramientos muy antiguos. También se han empleado para simbolizar la fertilidad femenina, como representaciones del dios Vishnu, según el hinduismo, como objetos curativos para recuperar el espíritu en cuerpo y mente, según la tradición hawaiana, e incluso como herramientas para adivinar el futuro, según la antigua espiritualidad caribeña. Para los nativos americanos, la concha de abulón (que es una concha particularmente hermosa) se utiliza para recoger la salvia quemada en los rituales de purificación. A mí me encanta tener conchas en mis espacios sagrados porque me transportan a mi infancia y me conectan con esos dulces recuerdos de los paseos por la playa en busca de los especímenes más bonitos, que de vez en cuando me acercaba al oído para escuchar el mar. Yo pienso que las conchas van muy bien para llevar a los rituales esa energía en movimiento propia del océano.

Si vives cerca de la costa o alguna vez te acercas de visita, te recomiendo que dediques un rato a buscar tus propias conchas sagradas. Es una de mis actividades preferidas; es una forma de meditación alucinante, en especial con niños y, normalmente, vuelvo a casa con una bolsa llena de conchas preciosas que coloco en distintos puntos y utilizo en mis rituales de belleza interior.

Piedras

Según la tradición peruana que mi marido y yo estudiamos cuando estuvimos en aquel país, los cristales no son los únicos objetos sagrados de la familia del mundo mineral. Las piedras (*khuyas*) que se encuentran en lugares especiales o sagrados, como montañas, bosques, cerca de cuerpos de agua, todas contienen la energía de ese sitio especial. La palabra *khuya* en quechua significa «afecto» o «amor», y estas poderosas piedras pueden contener el deseo de una persona de compartir su amabilidad y amor con el mundo. Por eso, siempre que estés en la naturaleza, presta atención a cualquier piedra que te llame la atención. A mí me encanta encontrar piedras agujereadas, porque les pongo un buen hilo y las cuelgo para hacer preciosas decoraciones sagradas.

Aceites esenciales y otras fragancias

«Los perfumes son los sentimientos de la flores.»
  Heinrich Heine

Los aceites esenciales son poesía para el sentido del olfato. Yo suelo ver
mis distintos aceites esenciales como la llave que he elegido para liberar
diferentes cualidades de mi mundo interior. Y estos aceites se han estado
utilizando con propósitos curativos desde la Antigüedad. Cuando éramos
niños, aprendimos que los tres Reyes Magos llevaron ofrendas de oro,
incienso y mirra al niño Jesús. Recuerdo que en aquel momento pensé: «¿Y
qué puede hacer un bebé con esos regalos?». Pues algunos eruditos sugieren
que quizá solo fuera un acto para evocar la curación, ¡por lo visto se los
llamaba magos por un motivo!

   El de incienso es uno de mis aceites esenciales preferidos. Por algún
motivo, su sagrada fragancia a madera consigue que me sienta conectada
con la antigua sabiduría espiritual. Me gusta quemar incienso para relajarme
y potenciar mis meditaciones. Yo prefiero el incienso de un árbol llamado
Boswellia sacra, porque tiene una pureza del cien por cien y es muy
conocido por sus cualidades curativas. Suelo ponerme un par de gotas en
la palma de la mano y respiro la fragancia. Me he dado cuenta de que me
levanta el ánimo. Lo cierto es que ya hace miles de años que el incienso
se utiliza con propósitos medicinales porque se creía que era un gran anti-
inflamatorio, además de emplearse para tratar muchas otras enfermedades.
¡Así que estamos hablando de un aceite muy completo!

Otro de mis preferidos es, sin duda, el aceite de rosa. Este aceite se divide en dos clases principales: el de rosa absoluto y el de rosa Otto. Yo pienso que el de rosa absoluto tiene una fragancia más dulce y delicada. El de rosa Otto tiene un aroma más fuerte y especiado. Aunque es una elección muy personal, así que prueba los dos y decide cuál prefieres. En general, creo que el olor a rosas es muy relajante, protector y siempre me ayuda a centrarme. Adoro la historia romántica que cuenta el origen del aceite de rosas. Se dice que una vez, un emperador otomano, ordenó que llenaran las fuentes y los canales de los jardines reales de rosas para celebrar la boda de su princesa. Más tarde, cuando la princesa paseaba por los jardines en compañía de su marido, se dio cuenta de que sobre el agua había quedado una capa de aceite. Pasó los dedos por el agua perfumada y le encantó descubrir que sus manos quedaron impregnadas de un aceite fragante. A partir de entonces, el emperador hizo que lo produjeran y embotellaran como tributo a su esposa. ¿No te parece romántico?

Tal como ocurre con la flor de la que deriva, el aceite de rosas se conoce por sus maravillosas propiedades curativas. Por encima de todo, es una magnífica herramienta que proporciona paz y equilibrio. A mí me gusta utilizar el aceite de rosas cuando estoy nerviosa, en especial si tengo que reunirme con algún cliente nuevo al día siguiente. Vierto un poco en mi pulverizador y dejo que mi cuerpo y mi mente se dejen llevar por la fragancia curativa. A veces incluso me llevo la botella y así, cuando tengo un día muy estresado, la abro, me la coloco debajo de la nariz y reconecto automáticamente con mi jardín interior. Es interesante saber que en el año 2009 se demostró científicamente el efecto relajante del aceite de rosas gracias a un estudio increíble en el que a un grupo de personas se les aplicó aceite de rosas en la piel y a los otros solo un placebo.[3] Lo sorprendente fue que el aceite de rosas provocó una relajación mucho mayor en las personas (respiración más lenta e incluso tensión más baja) que el placebo.

Los aceites esenciales también se pueden utilizar como herramientas de purificación. A mí me encanta utilizar el aceite de albahaca (también conocido como aceite Tulsi) para purificar la energía de mi casa. Este aceite tiene una fragancia cálida y especiada que me transporta automáticamente a tierras de la Antigüedad rebosantes de especias y hierbas mágicas. Se hace con una planta india que cultivan a propósito en los lugares sagrados para que les ayude a protegerlos de las energías negativas. Este aceite se utiliza mucho en las prácticas ayurvédicas indias para aliviar el estrés y fortalecer el sistema inmunitario. A mí me encanta verter un par de gotas en un pañuelo y oler la fragancia antes de empezar con las meditaciones de la mañana. Me he dado cuenta de que me aclara las ideas. Cuando respiro la aromática fragancia, noto cómo se acallan las voces de mi cabeza y recupero el equilibrio.

Por supuesto, existen muchos otros aromas maravillosos que puedes utilizar o quizá ya emplees como ingredientes de belleza interior. Lo que me gustaría es que te inspirases leyendo estas páginas y mimes a tu nariz tanto como lo hago yo con la mía. Para fortalecer tu conexión con el asombroso poder de belleza interior que tienen las fragancias, hazte las siguientes preguntas: ¿qué olores te relajan de forma automática? ¿Hay algún aroma que te cambie el ánimo (piensa en el olor a hierba recién cortada, a brisa marina, el vigorizante olor de los pinos del bosque, etcétera)? ¿Qué clase de fragancias puedes convertir en tus guías de belleza interior?

Por favor, ten en cuenta que cuando sugiero que utilices aceites esenciales en algún ritual quizá no debas aplicártelo directamente sobre la piel, en especial durante ciertas etapas del embarazo. También es posible que necesites mezclarlo con algún aceite base, como el aceite de almendra o de semilla de uva.

«Los aceites esenciales son poesía para el sentido del olfato. Yo suelo pensar en mis distintos aceites esenciales como la llave que he elegido para liberar diferentes cualidades de mi mundo interior.»

Sonidos

Siempre que me siento mal o desconectada de mi belleza interior, me encanta ponerme una canción como «California», de Joni Mitchell, o «Scarborough Fair», de Simon and Garfunkel. Las melodías etéreas de estas canciones siempre me levantan el ánimo. Estos últimos años he descubierto que se pueden evocar las sensaciones que provocan las canciones en rituales de belleza interior utilizando ciertos sonidos de algunos instrumentos sagrados. A continuación te hablaré de algunos de mis instrumentos de belleza interior preferidos.

El cuenco tibetano es la mejor herramienta que existe para centrar la mente. Pienso que el sonido que emiten los cuencos tibetanos es como los sutiles sonidos de la naturaleza, como el canto de un pájaro o el crujido de las hojas bajo los pies; esa clase de sonidos que pueden conseguir que te concentres en algún punto sin esfuerzo. También se les llama tazones cantadores porque, cuando pasas el mazo por el borde, el cuenco este empieza a «cantar». Cuando llenamos de agua uno de estos cuencos y lo hacemos sonar, el agua se pone literalmente a bailar. Para mí, el hecho de tocar estos cuencos ya es una forma de meditación para conectar con el corazón. Estos preciosos cuencos se han empleado tradicionalmente, en particular en prácticas budistas, como herramientas espirituales que ayudan a que las personas entren y salgan de las meditaciones. Yo tengo varios tazones cantadores en casa, pero mis preferidos son los cuencos tibetanos y los de cristal. Según la tradición tibetana, los tazones cantadores se remontan a la época de Buda. Estos cuencos pueden estar hechos con varios metales diferentes, y emiten sonidos distintos en función de su tamaño. Los tazones de cristal suelen estar hechos de cuarzo y los hay de diferentes tamaños, cada uno relacionado con un chacra diferente. Y no solo emiten un increíble y poderoso sonido relajante que nos ayuda a centrarnos, además transmiten la energía del cuarzo, que amplifica su capacidad sanadora. A mí me encanta poner lavanda o pétalos de rosa en mi tazón cantador, hacerlo sonar y después oler la fragancia, que siempre se me antoja maravillosamente amplificada.

Otros de mis instrumentos preferidos son los *tingsha*, los platillos tibetanos. El sonido que emiten estos platillos es mucho más agudo y más directo, y tienes que tocarlos con mucha sensibilidad porque, si no, el sonido puede molestar un poco. Y como ocurre con otras, estas alucinantes herramientas te centran, además de purificar maravillosamente varios cristales a la vez. Mi marido suele recomendarles estos platillos a los padres que acuden a sus sesiones de terapia, porque con ellos se puede jugar a un juego muy divertido cuando las cosas se ponen un poco caóticas en casa: todos los que no están tocando el instrumento cierran los ojos, y cuando dejan de sonar los platillos, quienquiera que levante la mano lo más cerca posible del momento en que deja de escucharse el sonido gana el juego. Este juego parece ayudar a los niños a relajarse y conectar con sus sentidos. En la tradición tibetana, los *tingsha* se emplean para hacer distintos rituales, como el ritual del Fantasma Hambriento. En el ritual del Fantasma Hambriento se tocan los platillos y el sonido se utiliza como ofrenda de compasión, para ayudar a liberar los «fantasmas hambrientos» que sufren debido a esos interminables deseos que no pueden satisfacer.

¿Hay algún sonido que te transporte a algún lugar mágico o te devuelva instantáneamente al momento presente? ¿Tienes alguna canción que escuches cuando necesitas mimos?

Una de las cosas más hermosas de los sonidos sagrados de los que hemos hablado es que pueden ayudarte a sintonizar con tu silencio interior. En la vida moderna nuestra mente está demasiado abrumada por el ruido y el exceso de información. Y es muy importante para nuestro bienestar que encontremos la forma de conectar con ese silencio de forma regular. Estos instrumentos sagrados ayudan mucho. Cuando sintonizamos con un sonido sagrado puro, de pronto tomamos conciencia del gran silencio que lo unifica todo.

Así que intenta empezar a prestar atención, no solo a los sonidos de tu entorno, sino también a los nuevos que surgen entre unos y otros. Debes valorar tanto el silencio como los sonidos. Muchas culturas no occidentales han valorado mucho el silencio a lo largo de la historia. En las comunidades indígenas de las islas Fiyi, el *vakonomodi*, o silencio absoluto, es la mayor muestra de respeto que uno puede mostrar por la tierra y por los demás. Fíjate en esta magnífica descripción que hace del silencio un miembro de la comunidad nativa americana lakota:

> Los indios sabemos mucho sobre el silencio. No le tenemos miedo. En realidad, para nosotros es más importante que las palabras. Nuestros antepasados aprendieron mucho sobre el silencio y nos han transmitido sus conocimientos. Observa, escucha, y después actúa, nos dijeron […] Observa a los animales para ver cómo cuidan de sus crías. Observa a los mayores para ver cómo se comportan […] Siempre debes observar primero, con la mente y el corazón en calma, y así aprenderás. Cuando hayas observado lo suficiente, entonces podrás actuar.

Kent Nerburn, *Neither Wolf Nor Dog*

Introducción
a los rituales

3

A continuación encontrarás algunos consejos que te ayudarán a extraer el máximo beneficio de los rituales que se detallan más adelante.

Empieza despacio pero ponte en marcha

♥

En este libro encontrarás muchos consejos sobre las mejores herramientas de belleza interior y la forma de utilizarlas en los rituales. Pero lo más importante es la constancia. Es mejor empezar con pequeños pasos que puedas seguir e ir progresando a partir de ahí que intentar empezar con todo a la vez y después sentirte mal cuando te olvides de hacer algo o pierdes la constancia. He intentado basar algunos rituales del libro en cosas que quizá ya hagas. A eso se le llama sumar hábitos, y hace que sea mucho más fácil añadir un poco de magia a tu rutina. Así que si este mundo de los rituales es nuevo para ti, no te agobies. Empieza con pequeños pasos y ya irás aumentando tu implicación a partir de ahí. Pero ¡inspírate para hacer algo! La magia de los rituales espera a que te pongas en marcha.

La importancia del tiempo y el espacio

♥

Cuando hacemos un ritual, lo que queremos es crear un espacio donde pueda surgir la magia. Si afrontas tus rituales de la misma manera acelerada en que contestas los correos electrónicos o lavas los platos, es muy improbable que surtan el efecto deseado. Por eso mientras preparas el ritual debes dejar que tu mente se serene y sintonice con tus sentidos mientras reúnes tus herramientas de belleza interior. Deja que cada movimiento, cada gesto y cada palabra surjan acompañadas de un propósito hermoso. Cuando hacemos un ritual, queremos crear la sensación mágica de que estamos entrando en otro mundo, un espacio distinto a nuestra realidad cotidiana. Asegúrate de que nadie te distrae durante todo el tiempo que dure el ritual.

Purificación

♥

Es muy importante purificarse antes de cada ritual. Queremos asegurarnos de que el espacio, las herramientas de belleza interior y nosotras estamos libres de energías estancadas, negativas o indeseadas antes de comenzar el proceso. Y recuerda que debes mantener ventanas y puertas abiertas mientras purificas para que esas energías tengan una vía de escape. Si estás haciendo un ritual para desprenderte de algo, asegúrate de purificarlo todo también cuando termines, o puedes quemar madera de palo santo dentro de un cuenco durante todo el proceso.

Conecta con un poder superior

♥

No tienes que ser religioso o espiritual para saber que hay fuerzas más poderosas que nosotros que influyen en nuestras vidas. Cuando hacemos estos rituales, queremos conectar con el poder superior con el que nos sentimos más cómodas. Puede ser la naturaleza, la fuerza vital, el corazón, los ancestros, la inteligencia superior, el universo, Dios. Puedes apelar a este poder superior en tus rituales pidiéndoles su apoyo y sentir cómo ellos guían tu cuerpo.

Dedícaselo a una deidad superior

♥

Cualquiera que sea tu propósito con estos rituales, ya sea desprenderte de algún dolor del pasado o atraer más amor y abundancia, siempre deberías dedicar el ritual a una deidad superior. Este propósito central nos ayuda a asegurarnos de que la magia del ritual se utiliza de forma harmónica y beneficia a todo el mundo.

Gratitud

♥

Cuando termines el ritual, regresa siempre a un espacio de gratitud. El agradecimiento es la llave maestra que desbloquea muchos aspectos maravillosos de nuestra vida, por eso es tan buena idea cerrar cada ritual expresando agradecimiento.

Rituales matutinos

«Siempre me ha entusiasmado la
perspectiva de un nuevo día, un nuevo intento...
con quizá algo de magia escondida en
algún lugar tras la mañana.»

J. B. Priestley, *Delight*

4

Despertar

Si nos despertamos con el estado de ánimo adecuado, podemos rociar nuestro día entero de magia. Pero todas sabemos que hay mañanas que parecen auténticos campos de batalla. Quizá no duermas muy bien, quizá seas de las que apaga el despertador varias veces desesperada por estar unos minutos más en la cama, o quizá tengas hijos, animales o vecinos ruidosos, y empieces el día de mal humor porque tu sueño reparador se vea alterado por algo que escapa a tu control. Anthony De Mello explica una historia maravillosa sobre un programa de la televisión española que habla de un hombre que llama a la puerta de su hijo:

—Jaime —dice—, levántate.
Jaime contesta:
—No quiero levantarme, papá.
El padre le grita:
—Levántate, tienes que ir a la escuela.
Y Jaime contesta:
—Pero hoy no quiero ir a la escuela.
—¿Por qué no? —quiere saber el padre.
—Por tres motivos —contesta Jaime—. Primero porque es muy aburrido; segundo, porque los demás niños no son buenos conmigo; y tercero, porque odio la escuela.
Y el padre le contesta:
—Pues ahora voy a darte yo tres razones por las que tienes que ir a la escuela. Primero porque es tu obligación; segundo, porque tienes cuarenta y cinco años; y tercero, porque eres el director.

Tanto si eres una persona que se levanta de buen humor como si no, quizá ya hayas adoptado una serie de rutinas que te ayuden a prepararte para el día que tienes por delante. Hay quien se levanta y se va al gimnasio, otras hacen yoga, hay quien prefiere tomarse una buena taza de café. Hay muchas mujeres que tienen una rutina de belleza y preparan su rostro para el día que les espera; muchas de nosotras encendemos los teléfonos o los ordenadores, y automáticamente abrimos nuestra mente a un mundo de información, noticias y problemas laborales. Pero cuando hacemos estas cosas parecemos robots, es como si lleváramos puesto el piloto automático. Y si nuestras mañanas empiezan con el piloto automático, es muy probable que pasemos el día entero de la misma forma. Y como dice Annie Dillard: «Nuestra forma de pasar el día es, como es lógico, un reflejo de cómo pasamos nuestras vidas».

Los rituales de las mañanas son una forma de impregnar de belleza, propósito y magia la rutina matutina y, en consecuencia, toda tu vida.

Una de las preguntas clave que tendrás que preguntarte continuamente a medida que profundizas en estos rituales es:

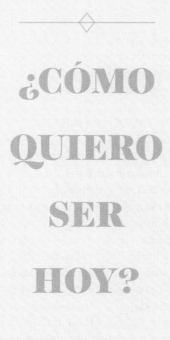

¿CÓMO QUIERO SER HOY?

Introducción a los rituales matutinos

A continuación encontrarás algunos consejos generales que te ayudarán a levantarte con el estado de ánimo adecuado. No te preocupes, no tienes por qué hacerlo todo a la vez. Puedes elegir una de las prácticas propuestas para empezar e ir progresando a partir de ahí.

LOS PRIMEROS MOMENTOS DE LA MAÑANA

Mientras dormimos y estamos acurrucados en la cama, nuestras mentes pueden viajar a otros mundos, donde bailan con distintas emociones y experiencias. Si nos levantamos y encendemos directamente nuestros aparatos electrónicos sin darnos espacio para procesar esas energías, es posible que nos sintamos ansiosos y abrumados durante todo el día. Tristan Harris, que antes era especialista en ética del diseño en Google, explica que mirar el teléfono según nos levantamos encasilla la experiencia de «levantarse por las mañanas» en el menú de «todas las cosas que me he perdido desde ayer». Y eso puede provocar ansiedad, y no queremos empezar el día con ansiedad.

Por eso, aumentar nuestra conciencia durante esos primeros momentos del día y añadirle una gotita de belleza interior puede ayudarnos a afrontar el día que tenemos por delante.

Tomar conciencia de lo primero que pensamos por la mañana va muy bien, porque estos pensamientos pueden tener una gran influencia en nuestro día. Uno de los métodos que utilizo para tomar conciencia de mis pensamientos es cambiar de postura corporal, me siento derecha o a los pies de la cama y dedico un momento a analizar mi mente. A veces cojo un cristal que tengo en la mesita de noche. También me encanta despertar con unas gotas de agua de Florida en las manos para cultivar la conciencia; las notas de lavanda y ajo aumentan mi presencia automáticamente. Si según me levanto tengo algún pensamiento poco harmonioso, lo advierto enseguida con mi conciencia cariñosa, me desprendo de él y después recuerdo un par de cosas que hayan sucedido durante las últimas veinticuatro horas por las que me siento agradecida. Cuando te levantes mañana, comprueba lo diferente que se te presenta el día si dedicas un momento a concentrarte en las cosas por las que te sientes agradecida. Si tienes pareja, puede ser muy bonito despertarse haciendo este ritual de agradecimiento juntos.

Lo primero que hago cuando me levanto de la cama es abrir la ventana del dormitorio para dejar que entre el aire fresco y pueda dar la bienvenida al nuevo día. Quizá ya lo hagas, pero puedes potenciar esta acción haciéndolo con un poco más de conciencia: al abrir la ventana damos una vía de escape a las energías viejas, cargadas e indeseadas de la noche y recibimos el aire fresco y la energía del sol de la mañana. En muchas tradiciones de nativos y latinoamericanos, mirar al sol por las mañanas es la mejor forma de mostrar respeto por esta estrella que nos da la vida. Si alguna vez has hecho yoga, ya conocerás una tradición similar del vedismo que consiste en saludar al sol por las mañanas: es ese conjunto de posturas conocida como «saludo al sol».

Una vez tenemos la ventana abierta, el dormitorio ya está preparado para que purifiquemos las energías negativas, en especial si hemos tenido alguna pesadilla. Yo siempre tengo un poco de madera de palo santo o salvia en mi habitación. Mientras quemo las hierbas me paseo por el dormitorio y visualizo la energía flotando por el espacio con el humo. También le doy las gracias al espíritu de la planta purificadora con la que estoy trabajando. Puedes utilizar las afirmaciones, oraciones o plegarias que prefieras mientras haces este ritual matutino de purificación. Lo más importante es que dejes que las palabras salgan de tu corazón de forma espontánea para que la purificación no se convierta en otra rutina encorsetada.

DEDÍCALE UN RATO A TU ESPACIO SAGRADO POR LAS MAÑANAS

«Confeccionar un bonito centro de flores por la mañana puede proporcionar una sensación de serenidad en un día estresante, como escribir un poema o decir una oración.»
Anne Morrow Lindbergh, *Regalo del mar*

Una parte muy importante de mis prácticas de belleza interior consiste en pasar un rato arreglando mi espacio sagrado y conectando con él. Recuerda que tu espacio sagrado es un jardín donde cultivar tu diosa interior. Para despertar a mi diosa interior, a mí me gusta asegurarme de que las flores de mi espacio sagrado están frescas y las plantas están regadas. Quemo un poco de salvia o madera de palo santo para purificar la energía y cambio algunos de los cristales si me siento más conectada con alguna cualidad distinta. Quizá te apetezca comprobar qué objetos tienes en el espacio sagrado para ver cuáles te hacen sentir bien y te proporcionan alegría esa mañana. Da más protagonismo a los cristales que te proporcionen más alegría. Si tienes la sensación de que quieres conectar con alguna vibración en concreto, podría ayudarte escribir la palabra o frase en un trozo de papel y dejarlo en tu espacio sagrado como recordatorio.

LA BENDICIÓN DEL AGUA

Normalmente, lo primero que vamos a buscar cuando nos levantamos es un poco de agua. Pero el agua por las mañanas es mucho más que una herramienta de hidratación; es un elemento sagrado, honrado y celebrado por muchas tradiciones distintas. Es la sangre que corre por las venas de la Madre Tierra. El agua nos da la vida. El cuerpo humano está formado por un ochenta y cinco por ciento de agua. Es un elemento esencial, pero también es algo que solemos dar por sentado, en especial si en casa tenemos agua potable. Cuando visité la Isla del Sol en Bolivia, subían el agua en burro hasta nuestra pensión, ¡que estaba en lo alto de una montaña! Cada gota de agua era un tesoro. Dedicar un poco de tiempo cada día a honrar el agua es una forma perfecta de impregnar nuestra rutina de la mañana de concentración, belleza y gratitud. ¿Y cómo podemos honrar el agua? Mis profesores nativos y latinoamericanos me enseñaron que podemos decir nuestras oraciones y propósitos al agua directamente. Justo antes de tomarme mi dosis de la mañana, intento recordar que debo comunicarle mi agradecimiento o mi propósito al agua. Mientras bebo, siento el agua fluyendo por mi cuerpo con la energía de ese propósito. Para añadir un elemento de reciprocidad directo del corazón (*ayni*) puedes verter las últimas gotas de agua en la tierra (en una planta o una flor, o en el suelo si tienes jardín).

Hay una oración para bendecir el agua particularmente bonita que me gusta recitar algunas mañanas, de un sabio nativo americano y guardián de La Senda de la Belleza:

Oración para beber agua

Mientras recibo esta agua y fluye por mi interior,
que se convierta en una medicina que me libre de la enfermedad,
que se convierta en una medicina que me revele la sabiduría interior y exterior.
Me disculpo por cualquier mal que haya podido causar con mis acciones y mis palabras.

Mientras esta agua fluye por mi interior y se convierte en vapor,
que purifique la atmósfera
que sirva para nutrir la sabiduría potencial de mi pueblo.
Me disculpo por cualquier mal que haya podido causar con mis acciones y mis palabras.

Mientras esta agua fluye por mi interior y regresa a la mesa,
que elimine las impurezas de los productos químicos del agua,
que el agua se renueve otra vez
que esta agua se convierta en una medicina para todos los seres de este y otros mundos.

Venerable Dhyani, www.sunray.org

TU RUTINA SAGRADA DE BELLEZA DE LAS MAÑANAS

Para muchas de nosotras, una parte importante de nuestra rutina matinal consiste en aplicarnos maquillaje, porque nos ayuda a sentirnos más seguras y preparadas para afrontar el día. Pero algunas mañanas no tenemos tiempo, y siempre me asombra ver mujeres en el metro de camino al trabajo aplicándose el maquillaje en circunstancias muy adversas. Pero las mañanas que tenemos más tiempo hay algo mágico en integrar un ritual de belleza interior a tu rutina habitual. ¡Es como ponerle brillo al tercer ojo!

A mí me encanta asegurarme de que mi tocador (o cualquiera que sea el espacio donde voy a maquillarme) es un espacio sagrado o acogedor, y por eso intento que tenga luz natural, y lo decoro con cristales, plantas, flores y un quemador de aceites esenciales o una vela aromática. También tengo a la vista una imagen de una diosa que me recuerde las cualidades divinas femeninas a las que quiero acceder (a mí me encanta Tara, la diosa budista, porque simboliza la paz y la unidad. Pero tú puedes elegir la imagen femenina que más te inspire: puede ser alguna artista, una maestra espiritual o tu madre o tu abuela).

A veces no es fácil acceder a nuestra deidad femenina durante el ritual de belleza de la mañana. Ya sé por experiencia propia que, cuando no tengo bien la piel o no he dormido lo suficiente y tengo ojeras, miro mi reflejo en el espejo y puedo ser muy crítica con mi aspecto, porque me concentro solo en lo que no me gusta. Siempre que me sorprendo con esta actitud tan crítica hago una pausa de belleza interior, porque sé que esta vocecita interior tan negativa podría dominar mis pensamientos durante todo el día si no la reconduzco. Recuerda que la belleza no se reduce a la apariencia exterior, y estos momentos en los que nos sorprendemos siendo tan críticas con nosotras mismas tienen un gran potencial para cultivar la belleza interior. Cuando hago esa pausa de belleza interior, respiro hondo, y cuando suelto el aire visualizo las energías negativas y críticas. Después me concentro en alguna característica de mí misma que me haga sentir positiva (no tiene por qué ser un aspecto físico, puede ser una cualidad personal o alguna buena acción que hayamos llevado a cabo hace poco o que pretendamos hacer ese día). Cuando he conseguido reconducir mi atención hacia el aprecio, me permito aceptar mis imperfecciones con el espíritu del *wabi-sabi*. (Consulta el ritual de envejecimiento de la página 187 para más inspiración.) Mientras practicas con la Pausa de belleza interior, estás entrenando tu mente y tu corazón para aceptar todo tu ser, incluyendo tus «imperfecciones». Si necesitas un recordatorio muy sólido, puedes escribir una palabra o algún

mensaje en el espejo que te ayude a recordar tu belleza interior: un mensaje muy bonito podría ser un sencillo «Soy suficiente».

Antes, cuando he hablado de los cristales, he explicado que las diosas humanas del antiguo Egipto añadían cuarzo rosa en polvo a sus pociones de belleza para prevenir las arrugas y conseguir una piel brillante. ¿Y cómo podemos las chicas modernas acceder a esas prácticas de belleza ancestrales de nuestras hermanas las diosas? Pues una de las formas que más me gusta es utilizar una herramienta hecha con cuarzo rosa para aplicarme la crema facial. Utilizando esta herramienta para masajearme la crema por la piel ayudo a activar la circulación, cosa que proporciona más brillo a la piel. La herramienta que yo utilizo es una piedra plana y suave del tamaño de la palma de la mano, y me resulta muy fácil aplicarme la crema. Quizá quieras dedicar unos días a buscar una piedra con el tamaño, la forma y la suavidad que más te gusten.

Primero debes purificar la energía de tu herramienta antes de utilizarla (empleando tu método de purificación preferido) y, con agradecimiento y respeto, coges tu herramienta de belleza de cuarzo rosa, la metes en la crema, y la utilizas para masajearte la crema por la cara con delicadeza. Mientras lo hago, yo visualizo un delicado brillo rosa en mi piel que restaura mi belleza interior y exterior. Durante los meses de más calor, guardo la herramienta de cuarzo rosa en la nevera para que por la mañana me refresque la piel y me cierre los poros.

En el caso de que tenga que hacer alguna sesión de belleza fuera de mi casa, lo que hago es meter uno o dos cristalitos dentro de la crema, ya sea facial o corporal. Antes de meterlos, asegúrate de que has purificado y bendecido las piedras. Lo maravilloso de esta práctica es que consigues infundir la magia de los cristales a tus cremas diarias, y también te permite personalizar tu ritual sagrado de belleza en función de las necesidades de tu piel. Por ejemplo, si creo que mi piel necesita una inyección de energía, utilizo cornalina o cuarzo transparente, para conseguir relajación utilizo la amatista, y para nutrirla utilizo cuarzo rosa.

«Pero las mañanas que tenemos más tiempo hay algo mágico en integrar un ritual de belleza interior a tu rutina habitual. ¡Es como ponerle brillo al tercer ojo!»

Los rituales matutinos

En esta sección encontrarás algunos rituales matutinos concretos que pueden ayudarte a sintonizar y manifestar ciertas energías o cualidades de belleza interior durante el día. Te animo a que seas creativa y juegues con las ideas que encontrarás en ellos hasta que encuentres la que mejor te funcione.

Recuerda que lo que debes preguntarte durante todos estos rituales es muy sencillo: «¿Cómo quiero ser hoy?».

Cuanto más clara sea la imagen que te formes en el corazón de cómo quieres ser, más poderoso será el ritual.

«Tienes una increíble cantidad de energía en tu interior. El único motivo por el que no la sientes es porque tú misma la bloqueas.»
Michael Singer

La energía es infinita, si sabes cómo canalizarla. Solo debes dedicar un momento a recordar la última vez que recibiste alguna buena noticia inesperada. Recuerda el subidón de energía que sentiste de repente, cómo te sentiste viva y vibrante. La buena noticia es que puedes canalizar esta reserva infinita de energía sin necesidad de esperar a que ocurra algo positivo en el mundo exterior. El ritual que encontrarás a continuación te ayudará a conseguirlo. Este ritual va particularmente bien cuando estás cansada, te falta motivación y quieres o necesitas una inyección de energía, porque te da un empujón.

Ingredientes

- Una planta o flores
- Agua de Florida o algún aceite energético como el de naranja, pimienta negra, albahaca o jengibre
- Una vela amarilla o dorada
- Una cornalina o una piedra de cuarzo transparente
- Un pintalabios o una laca de uñas de algún tono brillante

Prepara el espacio para recibir la energía

El primer paso es asegurarte de que el espacio en el que vas a hacer el ritual está organizado, ordenado y te hace sentir enérgica. Todas sabemos lo bien que nos sentimos después de limpiar toda la casa a fondo. La energía fluye por las habitaciones, en especial desde las ventanas y las puertas, por eso es bueno mover los obstáculos que puedan bloquear su paso. También debemos tener plantas en flor o flores que representen la energía de la vida. Necesitarás un poco de agua de Florida (o cualquier otra fragancia energética), una vela (preferiblemente amarilla o dorada) y una cornalina o una piedra de cuarzo transparente. Cuando tengas el espacio preparado, purifícalo y haz lo mismo con tus herramientas y contigo misma.

Conecta con la presencia a través del olfato

Cuando tengas el espacio preparado para una buena inyección de energía, ponte un poco de agua de Florida en las manos, frótalas, llévatelas a la nariz y respira la fragancia revitalizante, después desplázate las manos por el cuerpo imaginando que todas y cada una de las células de tu cuerpo cobran vida con una preciosa y harmoniosa sonrisa interior.

Enciende una vela

A mí me gusta encender una vela amarilla o dorada porque ese color me conecta con la infinita energía del sol. Pero tú puedes elegir una vela del color que represente la energía para ti.

Decide tu propósito

Ahora ya estás preparada para dar una respuesta muy clara a la siguiente pregunta:

«¿Qué voy a hacer con esta energía que estoy cultivando hoy?».

Dedica un minuto a cerrar los ojos y visualizar cada paso del día que tienes por delante. Conforma una imagen clara del modo en que vas a servir tus propósitos y al mundo con toda esta energía que estás a punto de canalizar. ¿Qué vas a crear? ¿Qué efecto positivo te provocará esta energía? ¿Y qué efecto positivo tendrá esta energía en las personas con las que entres en contacto hoy?

Oración energética

Ahora coge la cornalina o el cuarzo transparente. A mí me gusta decir la siguiente oración con la piedra en la mano (pero tú puedes decir lo que te salga del corazón): «Me abro y acepto la infinita reserva de energía que me proporciona el día, siempre por un bien superior».

Visualización energética de la llama de la vela

Esta es mi parte preferida del ritual. Fija los ojos en la llama de la vela, cierra los ojos e imagina que la llama está ardiendo en tu interior. Siente cómo la llama quema la energía negativa, tus preocupaciones, el cansancio, la tensión o cualquier pensamiento que te limite, permitiendo que una energía pura y refinada (*sami*) circule con libertad por tu cuerpo y por tu mente. Mientras lo haces, irás poniendo la espalda cada vez más recta a medida que vayas sintiéndote cada vez más fuerte. Puedes recuperar esta imagen de la vela interior y la sensación de energía en abundancia en cualquier momento del día.

Cierra el ritual

Para terminar con el ritual, yo soplo para apagar la vela y después dedico un momento a dar las gracias por ese precioso recordatorio de que la energía es infinita, y la llama de mi interior arde luminosa y eterna.

♥ Toques extra

A veces, yo añado un par de toques extra. Primero me gusta colocar la cornalina o la piedra de cuarzo transparente en un vaso de agua o en un filtrador de agua portátil. La piedra le proporcionará su energía al agua. También me gusta llevar conmigo una cornalina para poder colocarla en el espacio en el que vaya a trabajar ese día. Otro precioso toque que te proporcionará un poco más de energía es pintarte los labios, las uñas o vestirte de colores vivos. Lo bueno de esto es que los colores vivos te ayudarán a recordar tu propósito energético cada vez que te mires las manos o al espejo.

Ritual para concentrarte

«Concentra todos tus pensamientos en la tarea que tienes delante. Los rayos del sol no queman hasta que no se concentran en algo.»
Alexander Graham Bell

En el mundo actual, tan lleno de distracciones, concentrarse puede llegar a ser difícil. Internet, nuestros aparatos electrónicos, el correo electrónico y las redes sociales no dejan de hacer mella en nuestra capacidad para concentrarnos. La media de capacidad de atención en el año 2013 había bajado —desde los doce segundos del año 2000— a ocho segundos, cosa que está por debajo de los nueve segundos de una carpa dorada. ¿Sigues conmigo? No te preocupes, definitivamente no estás sola. Hay días en los que no dejo de sorprenderme perdida, navegando en las redes sociales, y soy consciente de que me cuesta muchísimo concentrarme. Y creo que, a medida que nuestros aparatos sean cada vez más y más inteligentes y utilicemos más aplicaciones, cada vez nos costará más concentrarnos. La concentración es lo que nos permite centrarnos en lo que es más importante para nosotros para que podamos crear belleza, tanto en nosotros como en el resto del mundo.

Ingredientes

- Aceite esencial de romero o una
- ramita de romero fresco
- *Tingsha*
- Bolígrafo y papel

Prepara el espacio para concentrarte
Empieza este ritual dedicando un rato a limpiar y ordenar tu espacio. Un entorno limpio y ordenado ayuda a tener la mente clara y en orden.

Ordena tus pensamientos
Coge una hoja de papel y un bolígrafo y anota todas las cosas que recuerdes que te han estado distrayendo últimamente. Podrían ser ciertos pensamientos, conversaciones, quizá todas las tareas que tienes pendientes. No pienses mucho: limítate a escribir con libertad dejando que las palabras fluyan de forma natural de tu cabeza hasta la hoja de papel. Sigue escribiendo hasta que

te sientas más ligera y tengas la sensación de que has puesto tus pensamientos en orden. Cuando llegues a este punto y empieces a sentirte más despejada y concentrada, rompe la hoja de papel en todos los trocitos que puedas. En este momento, a mí me gusta hacer sonar los *tingsha* desplazando el instrumento por encima de los pedacitos de papel para eliminar las distracciones y aceptar la energía de concentración en el espacio del ritual. Deja los trozos de papel a un lado y recuerda que cuando termines tendrás que deshacerte de ellos.

Cultiva la concentración con el aceite de romero y un cuarzo transparente
Ahora que ya has ordenado tus pensamientos, ponte un par de gotas de aceite de romero en las yemas de los dedos y masajéate la esencia en los lóbulos de las orejas. Esta es una técnica maravillosa procedente de las ciencias ayurvédicas. Las orejas están conectadas al cerebro, en especial a la claridad mental, mientras que el romero proporciona mucha claridad mental y concentración. Cada vez que te deslices el dedo por la oreja, siente cómo despierta tu mente y aumenta tu concentración. Si quieres ir un paso más allá, puedes distribuir la fragancia por tu cuerpo con las manos para crear una especie de campo de fuerza de la concentración.

Ahora coge el cuarzo transparente y una ramita de romero. El cuarzo transparente amplifica la energía y potencia la concentración. Cierra los ojos y piensa en algún objetivo importante que quieras alcanzar hoy. Asegúrate de que sea una meta realista y que se pueda conseguir. Piensa en los motivos por los que es tan importante para ti conseguir esa meta (una motivación clara es muy importante para potenciar la concentración). Después, visualízate a ti misma al final del día sintiéndote feliz por haber alcanzado tu objetivo con una concentración y claridad excelentes.

Ahora sopla sobre la piedra y dale las gracias por ayudarte a concentrarte para conseguir tu objetivo. (La práctica del soplo sagrado está inspirada en la tradición andina, donde los propósitos se soplan a la hoja de coca sagrada como parte de un *despacho.*)

Cierra el ritual y llévate la concentración
Ahora tu cuarzo está preparado para ser tu compañero de concentración. Te recomiendo que lleves contigo el cuarzo transparente durante todo el día y lo coloques a la vista en tu puesto de trabajo. Antes de terminar, a mí me gusta volver a hacer sonar los *tingsha* para purificar el espacio y poner fin al ritual. A veces también me llevo la ramita de romero y la coloco junto al cuarzo transparente encima del escritorio.

«Tu corazón conoce el camino. Corre en esa dirección.»
Rumi

De todos los lugares con los que conecto durante mis rituales matutinos, el corazón es el primero de la lista. El corazón es el pozo sagrado del que brotan las mayores cualidades de belleza interior. Cuando estoy conectada con mi corazón, soy más compasiva, más agradecida, más amable y me resulta más fácil valorar la belleza de mi interior y la que me rodea. No es de extrañar que el corazón ocupe el centro de tantas tradiciones espirituales. El corazón espiritual es el antídoto contra nuestras mentes estresadas, ansiosas y prejuiciosas. Nisargadatta, un gran santo indio, resume esta idea de una forma muy hermosa: «La mente crea el abismo, el corazón es quien lo cruza». Donde la mente se preocupa, el corazón confía. Donde la mente divide, el corazón une. Cuando tu corazón está cantando su amor por el mundo, tu mente no tiene más remedio que guardar silencio.

Ya sé que no siempre es fácil sentirse conectada al corazón. A veces nos lastiman el corazón. Y, cuando tenemos el corazón lastimado, solemos contraernos y escondernos en nuestros caparazones protectores. Y cada día la vida pone a prueba la capacidad de nuestro corazón para estar abierto. Piensa un momento en las pequeñas cosas cotidianas que pueden hacer que tu corazón se contraiga. ¿Alguna vez te preocupa lo que otra persona pueda estar pensando sobre ti? ¿Escondes a los demás (o incluso a ti misma) esas partes de ti que sientes que no son lo bastante buenas? ¿Quizá te juzgues con demasiada dureza cuando actúes de alguna forma poco hermosa, poco perfecta? ¿Eres de esas personas que se sienten incómodas cuando les hacen un cumplido? La capacidad de recibir amor es básica para tener el corazón abierto.

Evidentemente, la otra parte es ser capaz de dar amor. Y como ya he dicho, cuando tenemos el corazón contraído, cuando se siente herido, a veces nos cuesta dejar fluir el amor por el mundo. Algunas de las almas más inspiradoras y hermosas que he conocido en mi vida parecen tener la capacidad de dar y recibir amor sin esfuerzo, como el agua fluyendo en libertad. Y estoy convencida de que uno de los grandes motivos por los que el amor fluye con libertad en la vida de estas personas es sencillamente porque ellas han aprendido a aceptar y a amarse a ellas mismas primero, con sus imperfecciones incluidas. El terapeuta y profesor espiritual americano John Welwood habla de esta necesidad de aceptar todas nuestras facetas, la bella y la bestia, porque entonces «tu parte bella puede empezar a cuidar de la bestia que pareces ser en algunas ocasiones [...] la bestia no es más que la bella herida». Lo que me gustaría es que, gracias a este ritual del corazón, puedas amar esas dos facetas de la naturaleza, la oscura y la luminosa, para que tu corazón pueda recordar su verdadero propósito: «Ser un canal abierto por el que el amor fluye al mundo».

Ingredientes

- Una flor rosa
- Un objeto *wabi-sabi*
- Un espejo pequeño
- Bolígrafo y papel

- Aceite esencial de ylang-ylang
- Un cordel o un lazo rosa (opcional)

- Un cuarzo rosa o una aventurina verde

Prepara el espacio para abrir el corazón

La belleza en sí misma ya tiene el poder de abrirnos el corazón. Por eso te recomiendo que dediques un rato a poner bien bonito tu espacio para este ritual. A mí me gusta repartir algunos pétalos rosas por todo el espacio. También incluyo algo que represente el *wabi-sabi*: la belleza de la imperfección. Puede ser una concha rota, un trozo de madera que la marea haya arrastrado hasta la costa, una hoja seca, o cualquier objeto imperfecto o desgastado con el que conecte tu corazón. También coloco un espejo de mano en el espacio. Según la sabiduría sufí, el corazón es un espejo brillante: «Tienes que limpiarle el velo de polvo que se ha formado encima, porque está destinado a reflejar la luz de los secretos divinos» (proverbio sufí). Como siempre, cuando el espacio ya esté preparado, tendremos que purificar todas las herramientas de belleza interior, el espacio y a nosotras mismas.

Rebaja la tensión de tu corazón

Antes de poder entrar en nuestro verdadero espacio del corazón, tenemos que identificar y rebajar la tensión de las cosas que nos hacen cerrar el corazón. Piensa en algún momento de la semana anterior en el que supieras que cerraste el corazón. Quizá perdiste las formas, fuiste impaciente, juzgaste a otra persona, tuviste que esforzarte mucho para perdonar a alguien, experimentaste miedo en algún aspecto de tu vida, o fuiste dura contigo misma. Mientras recuerdas este momento relajadamente, observa tu objeto *wabi-sabi* y, mientras aprecias su belleza imperfecta, permítete sentir compasión por esa misma belleza imperfecta en tu propia persona. Después respira hondo y cuando sueltes el aire haz ruido para simbolizar la liberación y sacude bien fuerte las manos dándote permiso para liberarte de la tensión de tu corazón. (Esta clase de liberación no significa que nos estemos descargando de la responsabilidad de nuestras acciones; esta acción solo nos ayuda a comprender que podemos aprender más de estos momentos si no dejamos que nos endurezcan el corazón.)

Conecta con tu corazón

Ahora ponte un par de gotas de aceite de ylang-ylang en las manos (el ylang-ylang es un aceite relajante asociado con el corazón), masajéatelo con suavidad en la palma de la mano derecha y colócate la mano en el centro del pecho, el centro de tu corazón. A continuación, coge un cuarzo rosa o una aventurina verde (la aventurina verde proporciona equilibro al corazón) y sostén la piedra con la mano derecha (el lateral de tu corazón). A mí me gusta asociar el propósito a la piedra con una afirmación: «Que esta piedra me ayude a pulir el espejo de mi corazón para que mis cualidades de belleza interior puedan brillar al servicio del amor».

Elige la cualidad de tu corazón que quieras para ese día

Ahora ya hemos conseguido una fuerte conexión con el espacio de nuestro corazón y ha llegado el momento de decidir qué cualidad del corazón queremos manifestar hoy. Hay muchas cualidades diferentes asociadas al corazón; algunas de las más importantes son la compasión, la clemencia, la gratitud, la amabilidad y la vulnerabilidad. A todas se les puede añadir el prefijo auto, como por ejemplo autocompasión. Ahora anota la cualidad del corazón que hayas elegido, o bien en un trozo de papel o en el espejo, utilizando un lápiz de ojos o un rotulador para pizarra. Una alternativa preciosa es coger un cordel o un lazo rosa y atártelo a la muñeca a modo de recordatorio de la cualidad del corazón que has elegido para ese día.

Expande la luz por tu cuerpo

Ahora que ya tienes una cualidad del corazón en mente, con la piedra todavía en la mano izquierda, cierra los ojos y, con la mano derecha sobre el centro del corazón, imagina que este contacto sagrado está infundiendo vida en la cualidad del corazón que has elegido, comenzando con un pequeño punto de luz rosa flojo en el centro del pecho. Ahora puedes observar cómo la luz se va extendiendo poco a poco desde el centro de tu pecho y va iluminando todas las células de tu cuerpo con esa cualidad del corazón. Cuando todo tu cuerpo esté cubierto por esa preciosa luz, dedica un momento a visualizar cómo transcurrirá tu día mientras esta luz brilla con fuerza y sin esfuerzo desde el centro de tu ser. Piensa especialmente en cualquier problema potencial que pueda darse en el día que tienes por delante y visualiza la forma en que la cualidad del corazón que has elegido brillará en esos momentos.

Agradecimiento

Ahora piensa en algo de las últimas veinticuatro horas por lo que puedas sentirte agradecida. El agradecimiento va muy bien para abrir el corazón. Puede ser algo pequeño, como una buena taza de té, o quizá alguien haya hecho algo bonito por ti. Rememora ese momento como si estuviera ocurriendo ahora. Conecta con las sensaciones de alegría y valoración de tu corazón. Quizá te des cuenta de que tu mente salta de forma natural a distintos momentos por los que te sientes agradecida. Si te pasa eso, no pasa nada: ¡cuantos más, mejor!

Bondad

Cuando hayas trasladado ese momento de agradecimiento de las últimas veinticuatro horas a tu corazón, piensa en alguna persona de tu vida que haya sufrido últimamente. A veces, cuando se nos cierra el corazón, también podemos cerrarnos a personas que sabemos que pueden necesitar nuestra ayuda. Comprométete a hacer algo bonito por esa persona en las próximas veinticuatro horas. Puede ser un gesto pequeño, como enviarle un mensajito para que sepa que estás pensando en ella.

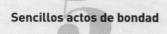

Sencillos actos de bondad

Envíale un mensaje a alguien para darle las gracias
por cómo es, por su forma de ser.

Encuentra tiempo para estar con esa persona,
sin distracciones. La presencia es el mayor regalo.

Envíale flores o una planta porque sí.

Escríbele una carta cargada de sentimiento.

Piensa en algo que odie hacer y ofrécete a hacerlo por ella.

Clausura

Para cerrar este ritual, a mí me gusta rociarme la cara con agua de rosas: el dulce olor de las rosas me devuelve a la presencia (y de paso me hidrato la piel). Después me llevo el cuarzo rosa o la aventurina allá donde vaya durante el día, o utilizo el cordel o el lazo rosa, me lo pongo en la muñeca, como recordatorio para seguir conectada a ese espacio de mi corazón.

♥ Toque extra

Como toque extra de belleza interior, a mí me gusta tener un poema para leer al comienzo o al final de este ritual, porque la poesía es un puente directo al corazón. Uno de mis preferidos para este ritual es un poema de Derek Walcott: «Love after Love».

> «No atraemos aquello que deseamos; atraemos aquello que somos.»
> Wayne Dyer

Este ritual de la abundancia es perfecto para aquellas mañanas en las que sientes que te falta algo en algún aspecto de tu vida: quizá no hayas dormido lo suficiente, después abres el armario y no encuentras nada que ponerte; quizá te haya llegado alguna factura enorme y tu cuenta bancaria esté un poco triste. Si empezamos el día con la sensación de que nos falta algo, es fácil que nos quedemos atrapadas en un bucle de negatividad: preocupación, nervios, sensación de tener muy mala suerte, pensando que todo es una injusticia. Y en la era de las redes sociales, es muy fácil sentir que la hierba siempre es más verde en la casa de al lado mientras admiras con envidia fotografías de preciosas playas, fiestas superdivertidas, casas perfectas, vidas perfectas.

Lo irónico es que cuando adoptamos esa actitud tan negativa tenemos menos probabilidades de aprovechar las oportunidades que se nos presentan. En el cerebro tenemos una zona llamada sistema de activación reticular que actúa como un filtro. Esta parte se asegura de que nuestro cerebro no reciba más información de la que puede manejar, bloqueando de forma activa la información que no encaja con nuestra forma actual de pensar. Imagina que es como la técnica que emplea Facebook para mostrarte cosas por las que ya has expresado tu preferencia. Y eso significa que, si empezamos el día con mala actitud, los filtros de nuestro cerebro solo dejarán pasar la información que encaje con nuestro proceso de pensamiento basado en el miedo.

Por eso es tan útil el ritual de la abundancia. Cuando nos concentramos menos en lo que podemos conseguir y más en lo que podemos dar, el universo lo reflejará de forma natural. Este es un ejemplo perfecto del espíritu del *ayni* (reciprocidad) que los sabios de los Andes tienen en tanta estima. Aunque tienen menos posesiones materiales que muchas personas de otras partes del mundo, no dejan de hacer ofrendas a la Madre Tierra como muestra de agradecimiento por su abundancia. Cuando damos algo de nosotros mismos, el universo refleja este espíritu porque la abundancia de nuestros corazones crece y tenemos una mayor sensación de paz y amor. Cuando comenzamos el día con actitud de abundancia, esa actitud no solo nos permite sentirnos contentos con quienes somos y lo que podemos ofrecer, también aumentan las probabilidades de que atraigamos cosas buenas para nuestros corazones y nuestras vidas.

Antes de empezar, piensa en la relación que mantienes con la abundancia. ¿De niña te educaron para pensar que la vida te daría todo lo que necesitaras? ¿Cómo reaccionas ante esas personas que parecen tener más que tú: más estatus, más dinero, más felicidad?

Ingredientes

- Bolígrafo y papel
- Un cuarzo citrino
- Una planta
- Un instrumento musical.

Sugerencias para el rincón de la abundancia:
- Semillas
- Una vela lujosa

- Fotografías de momentos felices y de lugares que quieres visitar
- Una pirita

Prepara tu espacio de la abundancia

Si puedes, te recomiendo que tengas un rincón distinto de tu casa dedicado a la abundancia. Si no puedes, dedica una parte de tu espacio sagrado o incluso un pequeño espacio de una estantería a manifestar la abundancia. En ese rincón queremos inspirar sentimientos de plenitud, o de lujo, o de inspiración, de vida y crecimiento. A mí me gusta tener plantas exuberantes, flores, semillas, fotografías de lugares a los que quiero ir, una foto de algún momento feliz, una vela lujosa, un instrumento musical pequeño para recibir la alegría. También tengo siempre una pirita (la pirita parece oro, proporciona la misma sensación de belleza lujosa, y se dice que fomenta la abundancia). Dedica un rato a pensar en los objetos que simbolicen abundancia para ti. Si puedes, coloca esos objetos en tu rincón de la abundancia. Cuando tengas preparado el rincón, ya podrás purificarte, tú y las herramientas que vayas a utilizar.

Deshazte de los bloqueos a la abundancia

Ahora que ya tenemos el espacio preparado para recibir la abundancia, tenemos que encontrar esos aspectos de nuestras vidas donde creamos que tenemos carencias. Debemos ver si existe algún miedo que nos esté reprimiendo. Recuerdo un momento de mi carrera como maquilladora en el que el trabajo empezó a escasear y comencé a preocuparme, a cuestionarme mi valía y mis habilidades, y a preguntarme si podría seguir viviendo de eso. Fue una época muy desconcertante, pero entonces recuerdo que me mudé a un piso nuevo y creé un espacio sagrado con un precioso rincón de la abundancia. Al mismo tiempo, mi marido me ayudó a ver que me estaba aferrando a algunas ideas que me limitaban (¡a veces va muy bien que tu pareja sea terapeuta!). Conseguí convertir esas ideas que me limitaban en un enfoque de abundancia. Poco después encontré uno de los mejores clientes con los que he trabajado en mi vida, y al poco monté The Colourful Dot, que fue un proyecto creativo de ensueño que me abrió muchas otras oportunidades, ¡incluyendo la posibilidad de escribir este libro ahora mismo!

El primer paso es elegir un aspecto de tu vida en el que sientas que tienes alguna carencia (por ejemplo el dinero, la salud, las relaciones, la felicidad, el tiempo, la realización) y que escribas esa palabra en un trozo de papel.

Ahora siéntate junto a tu rincón de la abundancia o en algún espacio relajado

Cierra los ojos y piensa en la palabra que has escrito en ese papel. Toma conciencia de los pensamientos y sentimientos que te asaltan al pensar en esa palabra. Presta atención a cualquier miedo, energía nerviosa o sensación de abatimiento que anide en tu corazón. Analiza si hay algún patrón en tu vida que te haga perder oportunidades para dar o recibir porque tienes mala actitud.

Ha llegado el momento de eliminar esos bloqueos a la abundancia provocados por el miedo

Enciende alguna herramienta para purificar y desplázala conscientemente por todo tu cuerpo concediéndote permiso absoluto para liberarte de cualquier bloqueo a la abundancia.

Desbloquea la actitud necesaria para la abundancia

¡Ahora llega la parte divertida! Coge el trozo de papel y haz las siguientes afirmaciones relacionadas con el tema que hayas elegido: «Algo que haría de forma distinta en mi vida si supiera que tengo tanto X como necesito es…». Si quieres profundizar un poco más, debajo puedes escribir: «Una forma de compartir mi virtud con el mundo de una forma más efectiva si supiera que tengo tanto X como necesito es…».

Visualiza la abundancia

Cuando hayas anotado estas afirmaciones de abundancia, coge un trozo de citrina (la piedra de la abundancia) con la mano, vuelve a cerrar los ojos y pasa un rato visualizando tranquilamente las cosas que harías con esa abundancia. Conecta en tu corazón con los sentimientos de alegría asociados a esa abundancia. Mientras trazas el contorno de tu abundancia, deja un poco de espacio para lo inesperado, pues de esa forma seguirás abierta a las coincidencias mágicas de tu vida. Comprométete con algo que vayas a hacer durante las próximas veinticuatro horas como resultado de la abundancia en el aspecto de tu vida que hayas elegido (quizá sea algo que lleves aplazando algún tiempo por culpa de ese estado de ánimo negativo). Esa parte del ritual es muy importante. Solemos aplazar muchas cosas por culpa de actitudes negativas, porque tememos no tener lo suficiente de algo para estar preparados. El actor de comedia británico Hugh Laurie dice: «Me parece terrible eso de esperar a estar preparado en la vida. Yo pienso que nadie está nunca preparado para hacer nada. En realidad no existe el concepto de estar preparado. Solo existe el ahora. Y más te vale hacerlo ahora. Por lo general, ahora es tan buen momento como cualquiera».

Cultiva la abundancia
Cuando estés preparada, mete el trozo de papel en la tierra de una planta y lleva esa planta a alguna zona rodeada de abundancia. Esto es para que tus sueños se puedan manifestar mientras crece la planta. A mí también me gusta llevar la citrina conmigo durante todo el día para que me recuerde la abundancia que estoy manifestando.

Alimenta una actitud basada en la abundancia
Nuestros propósitos cambian de forma natural, y por eso es importante repasar este ritual y las afirmaciones de abundancia que hayas escrito en el trozo de papel que has plantado. Puedes ir redefiniendo, actualizando y cambiando esas afirmaciones. Lo importante es que estás repasando y fortaleciendo la sensación de abundancia cada vez que reconectas con ello. Siempre que riegues la planta, da las gracias por la abundancia que el universo o la Madre Tierra te está proporcionando, y por el Yo Superior de todos los seres.

Rituales de tarde / noche

«No digas nada más. En nombre
de este espacio del que nos
estamos empapando con nuestro
aliento, quédate quieto como una
flor. Así los pájaros de la noche
empezarán a cantar.»

Rumi

5

Relajación

Tradicionalmente, la noche era un momento para relajarse después de un día de trabajo, disfrutar de una buena comida, pasar el rato con la familia y los amigos, y preparar el cuerpo para un apacible sueño reparador. En la Antigüedad, cuando no había electricidad, el proceso de relajación ocurría de forma natural a medida que se iba poniendo el sol y el cuerpo se relajaba. Hoy en día, la distinción entre el día y la noche y entre el trabajo y el descanso es mucho más difusa. Yo suelo trabajar desde casa y sé lo difícil que puede ser poner fin al día de trabajo y entrar en modo relajación. Siempre tengo la tentación de mirar si tengo algún correo nuevo de trabajo. Y esta tentación se alarga hasta bien entrada la noche y el momento en que me voy a dormir, cuando debería estar relajándome para disfrutar de mis horas de sueño. Incluso aunque estemos haciendo algo relajante (tomando un baño, mirando la televisión, disfrutando de una buena cena), la tentación de estar *online*, de seguir conectados y de contestar sigue presente. Es como si la atracción adictiva de nuestra vida en la red y el miedo a pernos algo tuviese más poder sobre nuestras elecciones que el deseo de cuidar de nosotros mismos y relajarnos como es debido.

¿Te sientes completamente relajada cuando te metes en la cama? ¿Cuándo fue la última noche que disfrutaste de unas buenas horas de sueño reparador? ¿Y cómo te sentiste por la mañana?

Un consejo supersencillo que puedes poner en práctica cuando quieras prepararte para tus rituales nocturnos y decidas poner fin a tu día de trabajo es utilizar una herramienta purificadora. En cuanto termino de trabajar, cojo mi madera de palo santo y limpio las energías residuales. En cuanto respiro su fragancia, me siento más fresca y renovada, y entro de forma consciente en una fase de descanso y relajación.

También tengo una «planta de oraciones» (maranta leuconeura) en mi dormitorio de casa, que me ayuda a recordar cada día que debo equilibrar trabajo y descanso. Cuando se pone el sol, las hojas de la planta marcan el final del día plegándose sobre sí mismas, como si fueran manos entrelazándose para rezar. Después, por la mañana, las hojas se despliegan en dirección a la luz del sol. Cuando veo que las hojas se cierran a modo de plegaria por las noches, mi mente y mi cuerpo se relajan automáticamente como si se activara mi necesidad natural de relajación. Y espero que, de una forma similar, hacer estos rituales te ayude a convertir tus tardes o noches en momentos de santuario, momentos para alimentar y restaurar tu diosa interior, para que por la mañana estés completamente recargada y puedas proyectar tu luz al mundo.

«Es como si la atracción adictiva de nuestra vida en la red y el miedo a perdernos algo tuviese más poder sobre nuestras elecciones que el deseo de cuidar de nosotros mismos y relajarnos como es debido.»

Ritual de agradecimiento para tus cenas

«El agradecimiento libera la plenitud de la vida [...]
Puede convertir una comida en un festín, una
casa en un hogar, un desconocido en un amigo.»
Melody Beattie, *Libérate de la codependencia*

Las cenas son la oportunidad perfecta para recordar la práctica del agradecimiento. Ya sabemos que a lo largo de la historia han existido muchas religiones, tradiciones y culturas que dedicaban un momento antes de comer a dar las gracias por la comida que tenían en el plato. En algunas zonas de Filipinas incluso hacen una pequeña danza de agradecimiento, imitando a un pollo picoteando el suelo. El propósito de estos rituales de agradecimiento es simplemente el de ayudarnos a valorar la comida dedicando un momento a pensar en el increíble viaje que han hecho esos alimentos antes de llegar a nuestro plato. En los tiempos modernos, muchos de nosotros hemos perdido el contacto con la simple práctica del agradecimiento, porque nuestra comida está empaquetada y solemos dar por supuesto el esfuerzo y la vida que nos ha proporcionado ese alimento. Otro de los beneficios de dar las gracias antes de comer es que nos ayuda a recuperar el equilibrio respecto a nuestra relación con la comida, en especial si somos personas que comemos compulsivamente. ¿Sabías que cuando estamos nerviosos se activan las papilas gustativas que detectan los sabores muy dulces y muy salados y por eso nos dan ganas de atracarnos de chocolate y queso? Este ritual nos ayuda a entrenar nuestro cerebro y recordar que el momento de la comida es un momento para relajarse y conectar con el corazón.

Prepara el espacio

Quizá ya tengas un frutero en el centro de tu mesa del comedor. Puede ser divertido añadirle algunos elementos sagrados, como cristales, una planta, una vela, hacer un centro de mesa bonito para recordarte la sagrada abundancia de la Madre Tierra. A mí me gusta poner un poco de cuarzo rosa (por las conexiones amorosas), ágata azul (para potenciar la energía relajada y la buena comunicación) y un poco de pirita o citrina (para la abundancia), pero tú puedes utilizar los cristales que mejor te parezca. Quizá también te apetezca enmarcar alguna oración de agradecimiento y colgarla en esta parte de tu casa.

Oración de agradecimiento por los alimentos

En este ritual, antes de empezar a comer, damos las gracias por la comida que tenemos en el plato. Hay muchas formas de dar las gracias; te animo a que encuentres la forma que más te guste. Incluso un simple «gracias» puede ayudar a cultivar el agradecimiento. Eckhart Tolle dice: «Si la única oración que dices es "gracias", ya es suficiente». Cuando mi marido y yo tenemos invitados, nos gusta empezar la velada cogiéndonos de las manos para establecer una conexión los unos con los otros. Si como sola, me gusta ponerme la mano derecha sobre el corazón, cerrar los ojos y dar las gracias por la comida, por el viaje que ha hecho hasta llegar a mi plato y por el poder superior que me la ha proporcionado. Este poder superior puede ser cualquier cosa en la que creas: la Naturaleza, la Vida, Pachamama, el Universo, Dios. Yo siento una conexión muy fuerte con la Madre Tierra, y le doy las gracias específicamente a ella por su abundancia. Si estás comiendo al aire libre, también puede ser bonito mostrar *ayni* (reciprocidad) vertiendo una gota de agua en la Madre Tierra a modo de agradecimiento. Y si estás en casa, puedes hacerlo en una planta.

Un primer bocado con conciencia

Cuando hayas conectado con ese espacio de agradecimiento por la comida, toma un primer bocado con conciencia. Cuando tengas el tenedor o la cuchara cargada, para un momento, observa el color y la textura de la comida, acércatela a la nariz y huélela, después mastícala despacio y conecta todo lo que puedas con los sabores que se desplieguen en tu boca. A mí también me gusta imaginar que la comida que me estoy comiendo está llenándome de energía y de amor por la Madre Tierra.

Comparte la valoración

Otra cosa que puedes hacer para darle mayor profundidad a este ritual es pedirle a cada una de las personas que están sentadas a la mesa que compartan una cosa por la que se sienten agradecidos del día que ha pasado. Si estás comiendo sola, puedes pensar en esa cosa y dedicar un momento a conectar con los sentimientos de valoración de tu corazón. El agradecimiento puede hacernos sentir «completos» en nuestro corazón de la misma forma que sentimos que tenemos el estómago lleno después de una buena comida. Esta forma de compartir agradecimiento también es un ejercicio divertido que podemos hacer en familia, en especial si se hace de una forma relajada, como si fuera un juego.

Ritual nutritivo

❀

«Descansa; un campo que ha descansado da una buena cosecha.»
Ovidio

La belleza interior solo es posible si dedicamos un poco de tiempo a pensar en nosotras y a nutrirnos. Las noches son el momento ideal para reabastecernos y restaurarnos, pero es más fácil decirlo que hacerlo. A esas horas es muy fácil que haya en nuestras vidas muchas otras cosas que compiten por nuestra atención (pareja, hijos, animales, correos de trabajo, tareas del hogar, listas de cosas que hacer). Y a veces es posible que, en el fondo, no sintamos que debemos preocuparnos de nosotras mismas. Siempre he pensado que estas palabras de la poetisa C. Joybell C. son muy ciertas: «Puedes ser la persona más hermosa del mundo, pero si tú no lo sabes, no tendrá ninguna importancia». Por tanto, una de las habilidades básicas de la belleza interior es la habilidad de crear el deseo, el tiempo y el espacio para cuidar de nosotras mismas. Este ritual contiene algunas ideas mágicas para ese tiempo sagrado «para mí» que te proporcionará una forma de sanarte según La Senda de la Belleza de los nativos americanos que hemos mencionado antes.

Ingredientes

- Una piedra de calcita mangano
- Una piedra de cuarzo rosa
- Conchas
- Aceite de loto rosa, incienso o rosa
- Crema de manos
- Bolígrafo y papel
- Una vela perfumada
- Campanas

Prepara las herramientas necesarias para mimarte

La calcita mangano, que es de un precioso color rosa pastel y tiene una energía protectora y relajante, es el cristal que me gusta tener cerca o sostener en la mano mientras hago este ritual y, en general, siempre que siento la necesidad de recibir energía relajante, tranquilizadora y maternal. El cuarzo rosa, la Madre Divina de los cristales, también es una piedra estupenda para utilizarla en esos momentos. Este es un momento perfecto para que elijas objetos que para ti representen el cuidado. A mí me gusta utilizar también algunas conchas especiales. Por ejemplo, tengo algunas conchas preciosas de un viaje a Sri Lanka, de un día que pasé con una escuela de monjes budistas en una cueva muy tranquila donde estuve recogiendo conchas por la playa. Quizá tú también tengas algún objeto de algún momento de tu vida que te proporcione una sensación relajante.

Prepara tu espacio protector

Lo primero que tienes que hacer es crear una zona libre de distracciones durante todo el tiempo que consideres necesario. Si vives con más personas, quizá quieras poner un cartel en la puerta de tu habitación y explicarles que necesitas un poco de tiempo para ti. A continuación, purifica el espacio con la herramienta que más te guste y crea un ambiente relajante, quizá puedas bajar la luz o encender una vela bonita. A mí me gusta utilizar una vela perfumada para ponerme en situación. También puedes rodearte de cojines cómodos para crear un espacio confortable.

Haz una lista de cosas que puedas hacer para cuidarte

Lo primero que debes hacer en este ritual es confeccionar una lista de cuidado personal. ¿Qué clase de cosas te vienen a la cabeza cuando piensas en cuidarte?

Anota cinco formas que se te ocurran de ser buena contigo misma.

Mi lista siempre incluye varias actividades para mimarme como ponerme una mascarilla, pintarme las uñas, ir a que me hagan un masaje o disfrutar de una comida sana y deliciosa. Cuando te acostumbres a centrar tu mente y tu corazón en el cuidado personal, descubrirás que empiezas a sentir más ternura y compasión por ti misma.

Acepta la energía maternal

Todos tenemos una reserva de energía protectora, cariñosa y maternal con la que podemos conectar cuando queremos darnos amor. Una de mis formas preferidas de aceptar esta energía es utilizando un instrumento sagrado como las campanas Koshi. Las campanas Koshi son un juego de instrumentos de viento sobrenaturales que producen una melodía dulce y relajante que apacigua de forma instantánea. Hace poco dirigí una ceremonia de luna llena y una amiga describió el sonido de estas campanas de una forma que me encantó; dijo que era como el ruido que harían las estrellas si pudiéramos escucharlas. Puedes utilizar otros instrumentos sagrados, campanas de viento o un poco de música relajante. A mí me gusta cerrar los ojos y desplazar las campanas alrededor de mi cuerpo mientras me voy abriendo para recibir el cuidado personal que necesito. Recibir es un acto sagrado, y cuando se hace con el corazón abierto es tan importante como dar. A veces también cojo la calcita mangano, cierro los ojos y pienso en algún momento de la vida en el que me haya sentido cuidada y segura. Puede ser algún momento que haya pasado en la naturaleza, de vacaciones, o en compañía de la familia, alguna buena amiga, o alguna persona a la que le tengas aprecio.

Masaje de belleza de mano y muñeca

Ahora que ya estamos abiertas a recibir, ya podemos empezar a darnos amor. Cuando pienso en mimarme, suelo pensar en darme un buen baño (ya hablaremos más sobre esto a continuación), o en darme un masaje relajante. Pero no siempre disponemos del tiempo o del dinero para salir a darnos un masaje cada vez que lo necesitamos. Masajearnos las manos y las muñecas es una forma muy sencilla y fantástica de mimarnos. Si eres como yo y no paras de ponerte crema para no tener las manos secas, este masaje de manos es una visión más conectada con el corazón de esa rutina de cuidado personal, solo tienes que añadir a la crema algunas gotas de aceite y una buena cantidad de autoestima. Ponte un poco de crema en la palma de la mano y añádele un par de gotas de algún aceite con una energía cariñosa. Mis aceites preferidos para este tipo de masaje son el aceite de loto rosa (para potenciar el amor y la serenidad), el de rosa absoluto (para una mayor conexión con el corazón y equilibrio) o el de incienso (para una relajación más profunda). Mientras te masajeas esta poción de cuidado personal por las manos y las muñecas, toma conciencia de las sensaciones de relajación que te provoca y ve notando cómo la tensión va abandonando tu cuerpo a través de las yemas de los dedos.

Alimenta tu alma

Después del masaje, el siguiente paso que debes dar para terminar de darte un buen homenaje es dedicar algunos momentos a leer o escuchar algunas palabras sabias de tu maestro, poeta, cantante o escritor preferido. A mí me encanta leer o escuchar las palabras de Ram Dass, Wayne Dyer, Marianne Williamson, y me encantan las entrevistas de *Oprah's Soul Series*. Incluso aunque escuches o leas solo algunas palabras, a veces ya basta para alimentar el alma.

Haz un pequeño compromiso con el cuidado personal

Para terminar este ritual, tienes que recuperar la lista que escribiste al principio donde anotaste las cosas que podías hacer para cuidarte y elegir una que puedas comprometerte a hacer durante la próxima semana. Para ayudarte a recordar estos compromisos, coloca esta lista en el espejo donde despliegas tu rutina de belleza matutina, en la portada de tu diario o en la nevera.

«Recibir es un acto sagrado, y cuando se hace con el corazón abierto es tan importante como dar.»

Baño ritual con cuarzo rosa

◆

«La bondad suprema es como el agua, que lo nutre todo sin esforzarse.»
Tao Te Ching

El baño es un momento sagrado para mí. Por lo general, suele ser la mejor o la única oportunidad de que dispongo los días de estrés para relajarme como es debido. Incluso en las épocas en que he vivido en pisos sin bañera, o en los que el baño necesitaba una buena reforma, siempre he intentado convertir esa estancia de la casa en un santuario sagrado llenándolo de cristales, flores, incienso y velas. Muchas culturas de la Antigüedad consideraban el baño un arte sagrado de curación. Estos antiguos baños rituales se basaban en la idea de que el agua era una fuerza elemental con una gran poder para sanar. En la India existen un montón de lugares sagrados a los que la gente viaja recorriendo miles de kilómetros para bañarse en la energía sagrada del agua. En Pushkar se considera que el lago es uno de los cuerpos de agua más sagrados, y se dice que surgió de las lágrimas de Shiva. Cada mañana se puede disfrutar de una preciosa escena que me cautivaba cuando estaba allí: recortado contra el telón de fondo de las montañas, el sol empieza a elevarse por encima del lago y su luz comienza a bailar y a relucir sobre la superficie del agua, mientras un grupo de mujeres ataviadas con sus coloridos saris se adentran en las vibrantes aguas azules buscando curación.

Cuando pongas en práctica este baño ritual, espero que encuentres la inspiración necesaria para añadir una dimensión sagrada y curativa a tu rutina en el baño. Si no tienes tiempo, bastará con que elijas uno o dos elementos extra de este ritual para que sientas que te estás cuidando un poco más.

Ingredientes

- Una vela
- Aceite de rosa, de lavanda o de geranio
- Flores
- Pétalos de flores
- Piedras de cuarzo rosa
- Piedras de sal del Himalaya o sal Epsom

◇

Purifica el baño

Empieza este ritual purificando el espacio y todos los ingredientes sagrados que tienes en él utilizando salvia o madera de palo santo. Aunque el agua ya purifica en sí misma, al aire del baño le irá muy bien una purificación energética. Y si necesitas una motivación adicional para purificar el baño, te conviene saber que está demostrado que el humo de la purificación reduce las bacterias que flotan en el aire en un noventa y cuatro por ciento.[4] Un estudio que se publicó en una revista científica en el año 2007 afirmaba: «La capacidad del humo para purificar, desinfectar el aire y conseguir un entorno más limpio se mantuvo durante venticuatro horas en una estancia cerrada».

Súmale la belleza sagrada

Después de purificar el espacio, enciende una vela para crear un ambiente relajante y pon flores o alguna planta a los pies de la bañera o en algún lugar donde puedas verlas. Esto te proporcionará un punto hermoso en el que poder concentrarte que te permitirá entrar en un estado meditativo. Yo suelo quedarme mirando fijamente las flores mientras estoy en el baño y me dejo absorber por la Madre Tierra y su belleza natural. En el baño tengo una cita preciosa de Georgia O'Keeffe sobre las flores: «Cuando coges una flor y la miras, se convierte en todo tu mundo por un momento». Quizá tú conozcas alguna cita que te recuerde lo importante que es cuidar de ti misma. ¿Por qué no la colocas en algún rincón de tu baño para tenerla presente?

Si quieres que el baño de belleza sea más intenso, añade algunos pétalos al agua. Incluso puedes secar tus propias flores (la rosa y la lavanda van muy bien para esto), después mete los pétalos en una bolsa de muselina y sumérgela en el agua caliente para conseguir una buena infusión floral.

Conecta con la fragancia

Para activar tu sentido del olfato, quema un poco de aceite. A mí me gusta utilizar aceite de rosa y geranio para hacer este ritual en concreto (también va muy bien el aceite de lavanda). Mientras la fragancia se va extendiendo por el aire, yo me relajo cada vez más visualizando las moléculas de la esencia viajando por mi nariz, resbalando por mi pecho hasta llegar al centro de mi corazón. Una vez allí, imagino que la fragancia es absorbida por una delicada rosa de color rosa que tengo en el centro del pecho que va abriendo lentamente sus pétalos hasta revelar una minúscula luz sanadora de color también rosa. Para darle un toque extra, puedes añadir al baño un par de gotas del aceite y algunas piedras de sal del Himalaya o sal Epsom. Estas sales tienen propiedades curativas y van muy bien para limpiar las toxinas de la piel.

Distribuye el cuarzo rosa con conciencia

Con la imagen de la rosa de color rosa bien grabada en la mente, distribuye algunas piedras de cuarzo rosa por la bañera de forma consciente. Si no tienes bañera, puedes dejar las piedras en el suelo de la ducha. Yo también meto en el agua algunas piedras de cuarzo rosa pulido para que al bañarme pueda sumergirme por completo en una energía relajante y amorosa. Esa es la energía perfecta para prepararte para una noche rejuvenecedora de sueño reparador.

Relájate

Cuando ya estoy metida en la bañera, cierro los ojos y conecto de forma consciente con la sensación de estar rodeada de agua, dedicando un momento a dar las gracias por este momento. Después imagino que los cristales que me rodean me están abrazando de forma activa y amorosa. Cuando siento ese abrazo, me sumerjo en un estado de relajación, como si pudiera relajarme del todo y dejarme sostener.

Termina con agradecimiento

Cuando salgas de la bañera o de la ducha, es importante que cierres este ritual expresando agradecimiento: por el agua, por las flores, por los cristales, por el tiempo que has tenido para recuperarte. A mí me gusta escuchar cómo el agua se marcha por el desagüe llevándose todos mis problemas consigo.

♥ Toque extra

Cuando quieras añadirle un toque de belleza interior a la rutina del baño, pero no tengas tiempo para hacer el ritual completo, puedes meter algunas piedrecitas de cuarzo rosa en el frasco de aceite para el baño o las sales que ya utilices (recuerda que tienes que purificar las piedras con tu propósito antes de utilizarlas). De esta forma infundirás al agua la energía relajada y amorosa de las piedras. A mí me encantan los productos de Neal's Yard Remedies y, a veces, también me gusta hacérmelos yo misma.

Ritual de sueño de belleza interior

☽

«Cuando vemos la belleza interior, no podemos decir que no.»
Dave Eggers, *Una historia conmovedora, asombrosa y genial*

Según la cábala, el sueño es el momento en el que el alma abandona el cuerpo para conectar con los reinos espirituales superiores, cuando recibe cuidado, rejuvenecimiento y orientación. Si nos preparamos bien, nuestras mentes inconscientes utilizarán las horas de sueño para solucionar los problemas del día, proporcionándonos incluso conocimiento y una sensación de claridad y paz cuando estemos despiertos. Las tribus nativas americanas de pies negros creían que una mariposa (símbolo de la transformación) nos traía los sueños que nos ayudaban a cambiar. Pintaban mariposas en las puertas de sus tiendas y cantaban nanas en las que invitaban a los espíritus de las mariposas a acercarse y orientarlos durante sus sueños. Según Dave Eggers, si nos preparamos bien, durante los sueños «vemos la belleza interior y no podemos decir que no». Pero sin la debida preparación sagrada, la noche puede ser tan agotadora como el día, porque nos costará dormir, o no conseguiremos dormir profundamente, o tendremos sueños emocionales que nos dejarán exhaustos. Piensa en las rutinas que te ayudan a dormir bien. ¿Qué objetos te gusta tener en tu dormitorio para sentirte en paz?

Convierte tu dormitorio en un santuario para la belleza interior

¿Tu dormitorio te hace sentir serena y relajada? Hay algunas cosas muy sencillas y evidentes que puedes hacer con un toque extra de conciencia para convertir tu dormitorio en un santuario de belleza interior. Todas conocemos muy bien esa acogedora sensación que nos producen las sábanas limpias y los cojines bien ahuecados donde poder reposar la cabeza con comodidad. A continuación encontrarás algunos consejos:

Pon orden. Ayuda mucho encontrar un ratito para ordenar el dormitorio. Ya sé, por experiencia propia, que las mesitas pueden convertirse en un lugar perfecto para almacenar monedas sueltas, botones, cositas de todo tipo, pero lo ideal es que conserves los cajones limpios y organizados, ya que eso nos ayudará a relajar la mente para dormir.

Naturaleza. Yo siempre recomiendo llevar la naturaleza al dormitorio. Algunas de las plantas que favorecen la belleza interior son la lavanda, el espatifilio y el jazmín. La NASA hizo un estudio en los años ochenta para saber qué plantas de interior soportarían el aire más puro y limpio para sus estaciones espaciales, y resultó que el espatifilio era una de las mejores.[5]

Fragancia. Tener un difusor de aceites esenciales en el dormitorio puede ayudar mucho a promover un sueño relajante. A mí me encanta utilizar el aceite de incienso, el de lavanda y el de raíz de angélica. La raíz de angélica se utiliza con fines medicinales desde hace, al menos, 2.500 años, y en los textos ayurvédicos se la describe como una planta con potentes propiedades curativas. Se dice que nos protege de las energías negativas, y por eso es una buena aliada para asegurarnos de que nuestros sueños se basan en el amor en lugar de en el miedo. Yo suelo mezclar la raíz de angélica con lavanda, porque el olor de la raíz sola puede ser demasiado potente.

Lámparas de sal del Himalaya. Si quieres tener una luz más apacible en tu dormitorio, las lámparas de sal del Himalaya pueden ser maravillosas herramientas de belleza interior. No solo proporcionan una luz naranja suave y relajante, también generan iones negativos. Los iones negativos los encontramos de forma abundante en el bosque y el mar; por lo general, en cualquier entorno natural. Si tienes un exceso de iones positivos en el dormitorio, es posible que duermas mal, porque reducen el suministro de sangre y oxígeno que llega al cerebro, por eso me gusta tanto tener una de estas lámparas en el dormitorio.

Cristales para el dormitorio. La amatista es el cristal perfecto para el dormitorio. Conocida como la «maestra de la sanación», la amatista, con sus relajantes tonos púrpura, proporciona una energía relajante y apacible además de protección. Puedes colocar una amatista en la mesita de noche o debajo de tu almohada. A veces, si he estado teniendo pesadillas, dejo algunas amatistas debajo de la cama, en cada una de las esquinas, y eso contribuye a restaurar la energía protectora de mi mundo onírico. La lepidolita es otra gran piedra para tener en la mesita de noche, porque nos conecta con la curación emocional y la paz. Este cristal es rico en litio, que, como ya sabemos, se emplea como sedante, por lo que no es de extrañar que la lepidolita transmita una energía que proporcione relajación y sueño. Otros cristales que puedes meter debajo de la almohada o en la mesita de noche son la piedra de luna, el cuarzo rosa y el ámbar, pues todos ayudan a dormir.

Un pulverizador casero para las almohadas y las sábanas. Un buen consejo de belleza interior es fabricar un pulverizador casero para las almohadas y las sábanas. Llena un pequeño pulverizador de cristal con agua (natural, si es posible), añádele un par de gotas de aceite esencial de lavanda y un par de piedrecitas de amatista. Cuando pulverices esta mezcla en tus almohadas y sábanas, la fragancia de esta poción mágica te ayudará a dormir.

Atrapasueños. Un atrapasueños es una preciosa obra de arte sagrada original de la tribu nativa americana de los ojibwa. Parece una telaraña y su propósito es filtrar las energías negativas y las pesadillas dejando pasar solo los buenos pensamientos durante la noche. Yo tengo uno colgado en el cabezal de mi cama y, a veces, me gusta limpiarlo por las mañanas con un poco de salvia.

Desconecta. Ahora que ya tienes el dormitorio preparado para conectar con tu belleza interior, el primer paso clave que debes realizar en tu ritual es desconectar del día. Ya sé que esto puede ser particularmente complicado porque lo hacemos todo con aparatos electrónicos. Hace poco he descubierto una cosa que hace que me lo piense dos veces, y es que la luz azul de nuestros teléfonos móviles y ordenadores limita la producción de melatonina, la hormona del sueño. Sabiendo esto, es muy probable que ayude apagar los aparatos electrónicos antes de irnos a la cama (aunque solo sea algunos minutos antes), en especial si no dormimos bien. Cuando decides apagar el ordenador o el móvil, conectas con la sensación de que te estás despidiendo de ese mundo durante la noche para poder recuperar tu belleza interior. Si no te queda más remedio que tener algún aparato electrónico en la cama, hay algunas aplicaciones fantásticas que están diseñadas para cambiar el color de tu pantalla con el objetivo de ayudarte a dormir. Si utilizas el teléfono móvil de alarma, puede ayudarte ponerlo en modo avión antes de irte a dormir.

Purificación para un sueño de belleza interior

Cuando hayas desconectado, una parte fundamental de este ritual es la purificación, tanto para ti como para tu dormitorio. Yo suelo utilizar madera de palo santo porque desprende menos humo y la fragancia es más suave. Yo me paseo por el dormitorio con la madera encendida, purificando las cuatro esquinas de cualquier energía negativa que pueda quedar del día y abriendo la puerta a un sueño apacible. Después me purifico yo. Mientras hago ondear la madera de palo santo por mi cuerpo, pienso en algo de lo que quiera desprenderme, alguna preocupación, quizá sea alguna conversación incómoda.

Asegúrate como siempre de que tienes alguna ventana abierta. A mí me encanta ponerme junto a la ventana y ver cómo el humo se marcha flotando por el cielo de la noche llevándose consigo mis problemas del día.

Agradecimiento nocturno

Cuando ya estés en la cama, justo antes de dormirte, y estés acurrucada en tus cojines, es el momento perfecto para practicar el agradecimiento. Si piensas en cosas por las que te sientes agradecida antes de dormirte, contribuirás a que tu mente conecte con tu corazón mientras duermes. Yo tengo un diario del agradecimiento en la mesita de noche. Y cada día escribo por lo menos una cosa por la que me siento agradecida relacionada con el día que he dejado atrás. También pienso en algo que espere con especial ilusión de la mañana siguiente. Yo siempre espero con ilusión esa primera taza de café y el ritual que la acompaña. Esta puede ser una forma perfecta de conectar con tu pareja o con tus hijos, compartir esas cosas por las que estáis agradecidos antes de iros a dormir.

Repaso del cuerpo

Si te cuesta dormir, quizá te ayude esta técnica que me enseñó mi marido; procede de la tradición del *mindfulness* y está diseñada para olvidar las preocupaciones. Lo único que tienes que hacer es concentrarte en tu cuerpo. Puedes comenzar por la punta de la cabeza pensando en las sensaciones que percibas en esa zona. Notes lo que notes, proyecta siempre una cualidad de aceptación y compasión. Ve bajando muy despacio, comprobando las sensaciones de cada una de las partes del cuerpo. Cuanto más lo practiques, más fácil te resultará concentrarte en tu cuerpo y sumergirte en un sueño natural y apacible.

Diario de sueños

En la cultura occidental, a menos que estés trabajando con algún terapeuta que se concentre en ello, a los sueños no se les da la misma importancia que en las culturas indígenas. Los nativos utilizan los sueños para encontrar soluciones a los problemas de sus vidas, para comunicarse con sus guías o con el Yo Superior, para curar heridas psicológicas e incluso enfermedades físicas. Si sientes curiosidad por aumentar el potencial de belleza interior de tus sueños, empieza escribiendo un diario de sueños donde puedas anotar todos los detalles que recuerdes sobre tus sueños. Cuando puedas empezar a repasar la trayectoria de tus sueños, busca si existe algún patrón y presta atención a lo que te hacen sentir tus sueños, esos sentimientos son tu guía.

Belleza interior fuera de casa

«Cuando soplan vientos de cambio, hay
quien construye muros, otros construyen
molinos.»
Proverbio chino

6

Sé un molino,
no un muro

Vivimos en tiempos de cambios rápidos. Hoy en día, la idea de tener un mismo trabajo para toda la vida nos parece muy anticuada. Tampoco es tan común como antes que las personas conserven la misma pareja toda la vida. Cambiamos de casa, de ciudad, incluso de país. Nuestras vidas son carreteras cada vez más curvas con muchísimos giros y recovecos. Y con toda esta incertidumbre, la vida puede agobiar un poco. Por eso es tan importante, en el siglo XXI, aprender a gestionar las relaciones y el flujo de energía al pasar de un estado a otro o de una situación a otra. Y los rituales son la herramienta perfecta en la que apoyarnos: pueden ser una ancla muy útil que nos proporcione una sensación de perspectiva, conocimiento y sensatez mientras nos debatimos en la marea de la vida.

¿Cómo te sientan los cambios? ¿Eres de esas personas que se aferran a lo que ya conocen o te gustan las novedades? ¿Qué transiciones has tenido que afrontar en la vida —por ejemplo, cambios en la vida familiar, mudanzas, cambios de trabajo, empezar una relación nueva— y qué cosas te han ayudado a afrontarlas? Yo he pasado varias transiciones en la vida: desde mi adolescencia hasta el momento actual, en mi familia ha habido varios cambios, y todos han sido curvas de aprendizaje para mí. No estoy muy segura de que por aquella época supiera cómo gestionar esas transiciones. Pero ahora, aunque sigo aprendiendo cada día, he ido descubriendo algunos métodos maravillosos para trabajar con las energías del cambio y la incertidumbre. La clave es el recuerdo. Las cualidades de belleza interior relacionadas con el recuerdo pueden suponer todo un desafío, en especial cuando abandonamos la zona de confort; y todos tenemos tendencia a refugiarnos en antiguos hábitos. Pero como dice Neale Donald Walsch: «La vida comienza al final de la zona de confort [...] si te sientes incómoda en este momento, debes saber que el cambio es un comienzo, no un final». Espero que algunas de las prácticas que comparto en este capítulo te ayuden cuando te sientas incómoda o alejada de tu zona de confort, que te vuelvan a conectar con la belleza interior cuando todo lo que te rodea parezca derrumbarse, para que puedas ser un molino en lugar de un muro.

«Por eso es tan importante, en el siglo XXI, aprender a gestionar las relaciones y el flujo de energía al pasar de un estado a otro o de una situación a otra.»

Belleza interior portátil

¿Cómo podemos seguir conectados a nuestra belleza interior cuando no dejamos de pasar de una situación a otra? Yo conservo recuerdos preciosos de cuando me alojé con familias durante mi viaje por la India y de haberme sentido superinspirada por los hermosos lugares sagrados por los que esas familias se preocupaban tanto. Fue entonces cuando decidí montarme un espacio sagrado portátil. Encontré un trozo de tela india antigua y lo puse en un rincón del dormitorio, y en él coloqué mi incienso, las piedras, el cuenco tibetano y algunas flores. Lo hacía en todos los lugares donde nos alojábamos, no importaba que fuera un hostal humilde o un hotel más lujoso. Aquel templo de belleza interior portátil era un precioso recordatorio. Siempre que veía ese espacio sagrado, sentía que tanto la estancia como yo misma estábamos siendo bendecidas por la generosa energía de la belleza.

Más adelante viví momentos más difíciles en los que necesité esa energía. Recuerdo llegar en plena noche a un lugar muy remoto, después de un viaje escalofriante en tuc-tuc, por caminos llenos de agujeros, para descubrir que nuestra habitación estaba literalmente llena de insectos, y no se lo podíamos decir a nadie. Después de pasar muy mala noche intentando dormir tapados de pies a cabeza con mantas intentando que los bichos no nos treparan por encima, la mañana siguiente nos dimos cuenta de que lo que atraía a los bichos era una pequeña lámpara fluorescente. En cuanto la apagamos, desaparecieron. La habitación necesitaba un poco de magia de belleza interior y recuerdo haberme dedicado a purificar el espacio a conciencia y a crear un entorno sagrado especialmente hermoso.

Siempre que nos trasladamos de un sitio a otro, incluso aunque solo sea para coger el autobús para ir a casa o al trabajo, las transiciones pueden ponernos a prueba. Yo sé muy bien el impacto que puede tener en nuestra energía el trayecto a casa en un tren abarrotado: no podemos sentarnos, estamos enlatados como sardinas y la persona que tenemos al lado no deja de golpearnos con su mochila gigante. Esta clase de transiciones pueden ponerte de mal humor para todo el día. Y por eso, igual que llevas un neceser con un poco del maquillaje para retocar tu belleza exterior, una pequeña bolsita de belleza interior puede ayudarte a retocar tu energía de diosa durante el día.

En Perú, mis sabios maestros me enseñaron la maravillosa tradición andina de la *mesa*: un hatillo sagrado que las personas llevan allá donde vayan. Estos hatillos se componen de una tela suave atada con un lazo, y dentro del hatillo puede haber piedras o cristales de algún lugar especial o sagrado, notas especiales de otras personas, y cualquier otro objeto sagrado cuya energía quiera llevar consigo cada cual. Eso era belleza interior portátil en su forma más inspiradora. Y uno de los aspectos de esta práctica indígena que nos encantó fue que, siempre que visitábamos algún lugar sagrado, desplegábamos nuestro hatillo y permitíamos que nuestros objetos sagrados se recargaran de la energía o el espíritu de ese lugar. Jamás olvidaré el solsticio de invierno en la Isla del Sol en lo alto de una montaña sagrada, sentada entre un grupo de chamanes y amigos, delante de una hilera de hatillos *mesa* abiertos en congregación al sol del amanecer, los cristales reaccionando a los primeros rayos con sus brillantes sonrisas mientras se empapaban de la energía de ese precioso momento. Pero no tienes por qué estar a miles de kilómetros de tu casa para encontrar un lugar en la naturaleza que sea sagrado para ti.

Elige tu recipiente

Lo primero que debes hacer es encontrar la forma de transportar tus herramientas de belleza interior. Los practicantes de la tradición *mesa* utilizan una tela bastante grande que no sería muy práctica para nosotras, todas chicas muy modernas que llevamos los bolsos llenos hasta los topes. Y aunque yo tengo mi propia *mesa* y solo la llevo cuando visito lugares sagrados, la mayoría de las veces prefiero llevarme una bolsita que se ata con un cordel lo suficientemente grande como para meter un par de cristales y aceite esencial. Estas bolsas pequeñas se parecen a los hatillos medicinales de la tradición nativa americana y a las bolsitas mojo del folclore afroamericano (ellos las describen como «bolsas de oraciones»).

SUGERENCIAS PARA LOS KITS DE BELLEZA INTERIOR PORTÁTIL

Kit de belleza interior diario

Este es un kit multiusos que puedes llevar al trabajo o, en general, cuando estás fuera todo el día, y te ayuda a estar conectada a esa sensación de magia en tu vida cotidiana. Los cristales que yo te sugiero que incluyas en este kit son: cuarzo rosa (para el amor y el cuidado), cuarzo cristal (para la energía, la claridad mental y la concentración), amatista (para la paz interior, la relajación y la protección) y cuarzo ahumado o madera petrificada (para conseguir una energía relajada y consciente). Yo también incluyo alguna fragancia de belleza interior. Las que yo suelo utilizar para este kit cotidiano son el aceite de rosa absoluto, la madera de palo santo, una botellita de agua de Florida, y un poco de lavanda del jardín.

Kit de viaje

A continuación encontrarás una lista de las herramientas básicas que yo recomiendo tener en la bolsa de belleza interior de viaje. En cuanto a los cristales, te recomiendo que lleves: amatista (que protege a los viajeros), hematita (centra y ayuda a superar el *jet-lag*) y cuarzo ahumado (protege de las energías negativas). En cuanto a los olores, a mí me gustan: los aceites de naranja y menta (he descubierto que me ayudan a superar los mareos) y un vaporizador facial de rosas para refrescarme, mantener la piel hidratada y devolverme al presente cuando estoy cansada.

Muchos de los rituales de este libro pueden transformarse en una bolsita de magia para cuando estás de viaje. Por ejemplo, si has hecho un ritual de abundancia por la mañana y quieres que esa energía de la abundancia te acompañe todo el día, puedes meter en la bolsa mojo la citrina que hayas utilizado, los propósitos que hayas escrito, la fotografía de un momento feliz.

ALGUNAS FORMAS DE CONECTAR CON TU KIT DE BELLEZA INTERIOR

Pégatelo al cuerpo

Llevar la bolsita de belleza interior en el bolsillo puede ayudarte, en especial si vas a hacer algún viaje potencialmente estresante. También puedes sacar alguna de las piedras y pegártela a la piel, cogerla con la mano o incluso metértela en el sujetador.

Simplifica

Ya sé que a veces tenemos días muy estresantes y que no paramos de ir de un lado para otro. Estos kits y las diferentes formas de conectar solo son sugerencias, y a veces lo único que necesitamos es llevar un único cristal o un poco de aceite esencial; conectar con una única herramienta de belleza interior puede bastar para apoyarnos en las transiciones. A veces, cuando voy corriendo del punto A al B cargada con mi pesado maletín de maquillaje, solo llevo un cristalito (a menudo es un cuarzo rosa) y un aceite esencial (también suele ser el de loto rosa) que huelo siempre que necesito reconectar o reducir mis niveles de estrés.

Organiza un espacio sagrado sobre la marcha

Puedes crear un precioso espacio sagrado bien sencillo simplemente colocando las herramientas de belleza interior en tu mesa del trabajo o en la habitación de hotel donde te alojes. Si tienes un ordenador en el escritorio, lo mejor es que coloques el espacio sagrado en tu línea de visión pero alejado del ordenador. Así te servirá para relajar la vista de vez en cuando.

Pausa de belleza interior

Si sientes que necesitas hacer una pausa del trabajo, o si acabas de salir de alguna reunión especialmente difícil, puedes utilizar las herramientas de tu kit para crear una pausa de belleza interior. Si llevo palo santo y acabo de salir de alguna reunión difícil, me gusta purificarme, tanto a mí como el espacio, para poder pasar al momento siguiente con energía y presencia renovada. Si estás en algún lugar o en algún momento en el que no puedas sacar la madera y ponerte a quemarla por miedo a accionar la alarma de incendios o parecer una loca delante de los colegas, una buena alternativa es tener un pequeño pulverizador con un cuarzo blanco y/o algunas gotas de aceite de albahaca dentro. Pulverízatelo por el cuerpo y después hazlo algunas veces por la sala y conseguirás purificar el ambiente rápidamente, te sentirás fresca y preparada para ponerte en marcha de nuevo. Si estás nerviosa, puedes combinar la purificación aromática con una meditación muy sencilla de dos pasos.

Paso 1 - Reconocimiento: Limítate a cerrar los ojos y concentrarte en lo que está ocurriendo en tu interior. ¿Cómo te sientes mentalmente? ¿Estás estresada, relajada o a medias? ¿Cómo te sientes físicamente? ¿Estás tensa, relajada o a medias? El simple acto del reconocimiento es una práctica que centra mucho, en especial cuando estamos ocupadas, no paramos y podemos desconectarnos de nosotras mismas con facilidad.

Paso 2 - Aceptación: Ahora que ya has valorado tu mundo interior, comprueba si puedes desprenderte de esa parte de ti que no deja de intentar arreglar las cosas. Quizá lo notes en forma de energía incómoda en algún rincón de tu cuerpo o sea un pensamiento sutil atrapado en tu cabeza que te provoca la sensación de que cualquier cosa que estés sintiendo o pensando ahora mismo está mal o no es suficiente. Limítate a permitir que las energías sean como son. La energía de la aceptación nos ayuda a superar los juicios y las energías que provocan estrés. A mí me gusta colocarme la mano sobre el estómago y conectar con el movimiento de mi respiración.

Busca la belleza en tu día a día

Otra pequeña práctica que puedes utilizar cuando estás de un lado para otro es la de buscar algo bonito en las personas y en los lugares que ves. Cuando estamos de viaje y, en especial en ciudades bulliciosas, y nos cruzamos con cientos de caras diferentes y anónimas, nuestras mentes pueden caer en el prejuicio. Para evitar esta tendencia puedes poner en práctica un ejercicio muy bonito que consiste en buscar algo bonito de cada una de las personas que mires. Todo el mundo tiene algo hermoso. Quizá sea su sonrisa, las pecas, el cuidado con el que se han vestido, la forma cuidadosa con la que han interactuado con otra persona. Sea lo que sea, con solo advertirlo ya estaremos conectando nuestra mente con la valoración. Y se puede hacer lo mismo con el entorno en el que estemos. Es normal que en ciudades tan urbanizadas como Londres una pueda sentirse triste e introvertida, en especial en los días lluviosos, mientras recorremos una hilera tras otra de edificios o grandes almacenes grises. Pero siempre hay algo bonito, tanto si es una flor diminuta que ha brotado por entre una grieta del asfalto, los ladrillos especialmente hermosos de algún edificio o la luz cálida de una farola reflejada en el charco que tenemos delante. Si necesitas inspiración, escucha las maravillosas palabras de Roald Dahl: «Y sobre todo, observa el mundo que te rodea con brillo en los ojos porque los mayores secretos siempre están escondidos en los lugares más inesperados. Y quienes no crean en la magia, jamás los encontrarán».[6]

Según un estudio reciente, el británico medio se muda ocho veces en la vida, y el ochenta y tres por ciento de las personas a quienes preguntaron dijeron que la mudanza les había parecido muy estresante.[7] Recuerdo que las veces que me he mudado me agobiaba con facilidad abrumada por la cantidad de cosas que había acumulado y por el acto físico y práctico de empaquetarlo todo, trasladarlo y desempaquetarlo. Pero en muchas tradiciones indígenas y de la Antigüedad, los cambios de hogar eran momentos dedicados a los rituales, la ceremonia y la celebración. Entonces ¿por qué no le añadimos un poco de conciencia y de magia al proceso? Como reza el dicho: «El hogar está donde reside el corazón». Por lo que si queremos convertir la mudanza en un proceso hermoso y enriquecedor, necesitamos las herramientas de belleza interior adecuadas y una buena dosis de cuidado personal.

Ingredientes

• Salvia	• Velas	• Aceite esencial de limón

Despídete de tu antigua casa

Cuando hayas empaquetado todas tus cosas, aunque estés plantada delante de un caparazón vacío, los recuerdos se adueñarán de ti: esa mancha de vino rojo descolorida de aquella fiesta, las mediciones de los niños en la pared, los agujeros que utilizaste para colgar fotografías y pinturas que alegraban el espacio. Cuando nos despedimos de nuestra casa antigua, queremos asegurarnos de llevarnos las buenas energías y recuerdos con nosotros. Una buena forma de hacerlo, antes de cerrar los ojos por última vez, es sentarte en tu rincón preferido de la casa y encender una vela. Mientras observas la vela invita de forma consciente a todos esos recuerdos y energías positivas que se han vivido en ese espacio a unirse a la siguiente fase del viaje contigo. Visualiza la vela absorbiendo toda esa alegría para llevártela al nuevo hogar. Cuando te sientas preparada, apaga la vela y llévatela a tu nueva casa.

Purifica la energía de tu casa nueva

Para convertir tu espacio nuevo en un hogar es muy importante que lo purifiques. Según el Feng Shui, es recomendable comprar escobas y paños limpios y tirar los antiguos, porque no quieres contagiar ese espacio con tus problemas anteriores por medio de la escoba de tu casa vieja. Para darle un toque extra, yo añado un poco de aceite esencial de limón al agua que estoy utilizando para limpiar (no solo huele genial, además ayuda a purificar la energía). Después de la purificación física, también es muy importante darle una buena purificación a la energía de la casa nueva. Las purificaciones energéticas deben hacerse antes de desempaquetar las cosas. Primero abre las ventanas de la casa para dar una vía de escape al aire viciado. Después tómate un momento para cerrar los ojos y purificarte, cosa que te permitirá adoptar un estado mental sereno y concentrado. Puedes utilizar varias herramientas de purificación distintas: de sonido, el palo santo o la salvia. Una sabia nativa americana amiga mía recomienda la salvia para purificar la casa porque crea un humo más intenso y es más efectiva para abarcar zonas extensas. Cuando te sientas preparada, empieza a caminar por la casa con la herramienta purificadora que hayas elegido. Desplázate por las habitaciones concentrándote especialmente en las esquinas, porque ahí es donde se acumula la mala energía. Mientras caminas, puedes recitar afirmaciones purificadoras (como: «Abro las puertas a la energía nueva y limpia en este espacio»), o puedes visualizar cómo las energías antiguas abandonan el espacio con el humo. Pasea la herramienta de purificación por todas las habitaciones hasta que tengas la sensación de que la energía de la estancia está purificada, los colores son más vivos, brillantes y te sientes más ligera.

Busca un propósito claro para tu nuevo hogar

Cuando hayas terminado de purificar la casa, es el momento de dejar bien claro tu propósito. Pregúntate: ¿cuál es mi mayor deseo para esta casa? Tómate tu tiempo. Es un cambio muy grande y seguro que quieres hacerlo bien. ¿Es un lugar donde quieras formar una familia? ¿Quieres crear un santuario para ti? ¿O afianzar tu carrera? ¿O es un lugar que quieres llenar de la alegría y las risas de tus amigos?

Sella tu propósito

Cuando tengas claro tu propósito para el nuevo hogar, es el momento de encender la vela que has traído de la casa anterior. Mientras observas el humo que sale de la vela, imagina las energías alegres y positivas del espacio anterior fundiéndose a través del humo con las posibilidades frescas y excitantes del espacio nuevo. Deja volar la imaginación a tres años vista: ¿qué experiencias maravillosas estás viviendo en tu casa? ¿Con qué amigos y familiares te reúnes allí? ¿Qué sientes al imaginar esos momentos especiales en tu casa nueva?

Pon cristales

Instalarnos en una casa nueva nos da la oportunidad de colocar los cristales de forma que nos ayuden en nuestro día a día. Ni qué decir tiene que debes purificar bien tus cristales antes de colocarlos. Cuando me mudé hace poco, una de las cosas que más me apetecía era darle un toque de belleza interior a cada una de las estancias colocando cristales en ciertos puntos. Por eso puse un cuarzo rosa detrás de la puerta principal, para que mis visitas sintieran una energía cariñosa nada más entrar.

Puse lepidolita y amatista en las esquinas de mi dormitorio, para que nos dieran paz y nos ayudaran a dormir bien. Para el salón elegí la apofilita: su energía serena, apacible y espiritual es perfecta para la estancia donde tengo mi mayor espacio sagrado y donde mi marido y yo recibimos a nuestros grupos de meditación. Coloqué fluorita y ágata árbol en las raíces de las plantas de la casa y el jardín para ayudarlas a crecer más y más bonitas. Incluso puse un poco de cuarzo rosa debajo de la bañera, porque íbamos a redecorar el baño. Cuando coloques cristales por tu casa, déjate guiar por tu corazón.

«Si queremos convertir la mudanza en un proceso hermoso y enriquecedor, necesitamos las herramientas de belleza interior adecuadas y una buena dosis de cuidado personal.»

Rituales naturales

«En su nivel más elemental,
la Naturaleza, por el motivo
que sea, prefiere la belleza.»

David Gross, físico, director
del Instituto de Física Teórica
de UC, Santa Bárbara

7

La Madre Naturaleza
es sanadora

La Madre Naturaleza es sanadora. En Japón existe una forma de terapia natural llamada *shinrin-yoku* («baño de bosque») según la cual los pacientes pasan mucho tiempo paseando por el bosque respirando los aromas de la madera. Se ha descubierto que, comparadas con las personas que pasean por zonas urbanas, las personas que se bañan en los bosques tienen la tensión más baja, un pulso inferior y menos cortisol (la hormona del estrés). ¡Los árboles son nuestros amigos!

Muchas tradiciones chamánicas e indígenas han alabado profundamente este potencial curativo de la naturaleza. Ellos creen que los humanos no son independientes de la naturaleza, sino que la naturaleza y todos los seres vivos tienen un espíritu o conciencia que nos protegerá si demostramos respeto y humildad: esta forma de vincularse con el espíritu de la naturaleza es conocida como animismo. En realidad, como muchas formas de vida chamánicas o indígenas piensan que la naturaleza tiene espíritu, suelen vivir de formas mucho más harmónicas con la Madre Tierra que las sociedades occidentales. Por ejemplo, los esquimales inuit siempre dedican unos momentos a dar las gracias al alma del animal que han cazado por haberse ofrecido a ser su presa. Cuando las tribus maoríes plantan boniatos, siempre dan las gracias y dan sus bendiciones (*karakia*) al espíritu de la patata. Imagino que de entrada te parecerá bastante raro eso de darle las gracias a una patata. Pero después de pasar un tiempo en comunidades animistas y chamánicas, ahora comprendo lo importante que es honrar a la naturaleza y los regalos que nos da.

Respetar el espíritu de la naturaleza es una gran forma de construir una actitud más consciente. Si eres capaz de ver y entender que las plantas, los árboles y los animales tienen conciencia igual que tú, será menos probable que los trates mal. Y ese aumento del *mindfulness* se traduce de forma natural en una menor preocupación por Pachamama. Para mí, estas palabras del biólogo Jonas Salk resumen muy bien lo sagrada que es la naturaleza y lo errónea que puede llegar a ser nuestra visión de la vida centrada en el ser humano: «Si desaparecieran todos los insectos de la Tierra, en cincuenta años terminaría la vida en la Tierra. Si todos los humanos desaparecieran de la Tierra, en cincuenta años prosperarían todas las formas de vida».

A pesar de que la mayoría de nosotros, urbanitas, no tenemos la suerte de vivir cerca del bosque, y la mayoría de las personas que estén leyendo este libro probablemente no se dediquen a cazar focas ni a cosechar boniatos, siempre podemos encontrar formas de conectar conscientemente con la naturaleza, incluso en entornos urbanos. Quizá tengas cerca algún parque, o un canal, o algunos árboles. Tengas lo que tengas, los rituales que siguen te ayudarán a conectar con la Madre Naturaleza de una forma más profunda, harmoniosa y hermosa.

«Respetar el espíritu de la naturaleza es una gran forma de construir una actitud más consciente. Si eres capaz de ver y entender que las plantas, los árboles y los animales tienen conciencia igual que tú, será menos probable que los trates mal.»

Ritual del paseo de belleza consciente

«Pasear por la naturaleza es presenciar miles de milagros.»
Mary Davies

Un paseo por la naturaleza puede ser una de las mejores formas de terapia: ¡y lo mejor es que es completamente gratis! Quizá te apetezca salir a despejarte o a encontrar inspiración. Rebecca Solnit, autora de *Wanderlust, una historia del caminar*, explica de una forma muy bonita por qué pasear proporciona tantos beneficios a nuestras almas: «Pasear, idealmente, es un estado en el que se alinean mente, cuerpo y el resto del mundo como si fueran tres notas de un acorde». Sin embargo, la mayoría de veces, caminar es una actividad práctica, una forma de llegar del punto A al B, y muchos de nosotros (yo incluida) solemos caminar con la mente absorbida por el teléfono. Pero tenemos la suerte de poder recurrir a muchas tradiciones para las que pasear es una forma de cultivar la presencia y la belleza interior. En muchas tradiciones nativas americanas, pasear por la tierra es una forma de conocerla y conectar con la belleza y el espíritu de la naturaleza. Hay una preciosa oración de los navajos titulada «Caminando en la belleza»:

> Caminaré en la belleza.
> Todo el día, caminaré.
> A través de las estaciones que vuelven, caminaré
>
> Con belleza poseeré de nuevo.
> Los hermosos pájaros…
> Los felices y hermosos pájaros.
>
> En la senda marcada con el polen, caminaré.
> Con saltamontes alrededor de mis pies, caminaré.
> Con rocío alrededor de mis pies, caminaré.
>
> Con belleza, caminaré.
> Con belleza delante de mí, caminaré.
> Con belleza detrás de mí, caminaré.
> Con belleza por encima de mí, caminaré.
> Con belleza por debajo de mí, caminaré.
> Con belleza alrededor de mí, caminaré.

Tú también puedes caminar en la belleza; solo tienes que tomar un poco más de conciencia. Lo mejor de este ritual es que no tienes por qué estar en un entorno natural idílico para poder conectar con la belleza de la naturaleza. En realidad, si miramos con atención, la belleza de la naturaleza está en todas partes. Los caracoles que salen después de la lluvia, las hojas de los árboles que pintan las calles en otoño, la telaraña que brilla salpicada por el rocío de la mañana. Así que, aunque no puedas hacer el ritual completo, te animo a poner en práctica las partes que más te gusten y a aplicarlas incluso durante tu paseo diario hasta la parada del autobús.

Elige un propósito para liberar y recibir

Puedes elegir tu propósito antes de salir de casa (si tienes tiempo) o mientras estés de paseo. Yo tengo un árbol cerca de casa que me parece el sitio perfecto donde marcarme un propósito. Uno de los propósitos clásicos de la tradición chamánica es buscar algo que quieras liberar y algo que quieras recibir. Para la liberación piensa en actitudes, comportamientos o energías que quieras cambiar o de las que quieras deshacerte. Por ejemplo, quizá decidas que durante el paseo quieres desprenderte de la ira que tienes acumulada por culpa de una situación que en realidad no puedes cambiar. En cuanto a la recepción, piensa en algún aspecto de tu vida que quieras comprender mejor. Quizá quieras recibir orientación respecto a algún problema que tengas en el trabajo, por ejemplo.

Busca algún regalo que puedas ofrecerle a la Madre Tierra

Según los indígenas q'ero, a Pachamama le encanta recibir las malas energías (*hucha*) que generamos los humanos. Para ella, nuestras energías negativas son como el néctar, y le encanta absorberlo y convertirlo en energía refinada, dulce y ligera (*sami*). En ese sentido, te recomiendo que cojas algunas semillas que puedas llevarte de paseo y que representen tu ofrenda a la Madre Tierra. Pueden ser semillas que ya tengas en la despensa, quizá de calabaza, de girasol, de lavanda, etcétera.

Encuentra tus potenciadores de belleza interior

Siempre que paseo por mi calle, hay un arbusto de lavanda en particular que siempre me llama la atención por su exuberancia púrpura derramándose sobre la calle, inclinándose como si quisiera saludar a los paseantes. Este arbusto es uno de mis potenciadores de belleza interior preferidos. Siempre que paso por su lado, me paro y me empapo de sus preciosos tonos púrpura y acaricio las flores con delicadeza para recoger su aroma. Aunque vaya de camino al trabajo o esté de mal humor en ese momento, esa sencilla conexión con la belleza de la naturaleza me reconecta con mis sentidos y me proporciona una alegre inyección de belleza interior. Por eso te recomiendo que, cuando salgas a pasear, busques flores, plantas, arbustos o árboles con los que sientas alguna conexión. Dedica un rato a conectar con ellos. Presta atención a su aspecto, averigua si desprenden algún aroma en particular y lo que te hace sentir. Toma conciencia de que son seres vivos y que, en cierto modo, ellos te perciben a ti de la misma forma que tú los percibes a ellos. Estos seres vivos se convertirán en tus aliados y cada vez que pases por su lado te recordarán con elegancia la belleza que llevas en tu interior. Por eso debes darles las gracias por el regalo que están compartiendo contigo.

Liberación

Cuando estés de paseo y hayas conectado espiritualmente con esas cosas que potencian tu belleza interior, el siguiente paso es encontrar un espacio que te guste para liberarte. Puede ser un árbol, algún espacio con agua, un trozo de tierra: cualquier lugar donde te apetezca pararte un momento y entregarle a la Madre Tierra aquello que te esté reprimiendo. Cuando hayas encontrado el sitio perfecto, coge tus semillas (o los objetos que hayas elegido) con la mano y piensa en: a) aquello que quieres liberar; b) el motivo por el que quieres liberarte de ello; y c) cómo te imaginas que estarás cuando hayas liberado esa energía. Ahora entrégale el objeto a la Madre Tierra dejándolo en el lugar que hayas elegido. Imagina a la Madre Tierra engullendo la energía negativa como si fuera algún sirope dulce que le encantara para convertirlo automáticamente en energía positiva. Esta idea procede de la práctica andina *Saminchakuy*, según la cual ofrecemos la *hucha* a Pachamama como si fuera un regalo sagrado que puede digerir. Quizá descubras que, mientras caminas, sigues notando cómo se va liberando la energía negativa en la Madre Tierra a cada paso que das. Tal vez notes ciertas sensaciones en los pies cuando la *hucha* abandone tu cuerpo.

Pasos de belleza

Si te pareces a mí, seguro que puedes darte un paseo por la maravillosa naturaleza aunque tengas un montón de cosas pendientes en la cabeza, preocupaciones y mil asuntos en los que pensar. Por eso a mí me gusta dedicar una parte de ese paseo a tomar conciencia. Yo llamo a esa práctica «pasos de belleza», y durante ese espacio de tiempo aminoro el paso e intento hacer el menor ruido posible al mismo tiempo que intento percibir los sonidos de la naturaleza; a medida que mi mente se va relajando, va subiendo el volumen de esos sonidos y soy capaz de escucharlos. No lo hago durante una distancia muy larga, a veces solo ocupa los treinta metros que separan dos árboles. Por supuesto, nuestras mentes pensantes seguirán requiriendo toda nuestra atención, pero ayuda mucho seguir viendo esta tendencia que tenemos con compasión, y volver a concentrarse en los pies y en la intención de recorrer la tierra con delicadeza. Algunas tradiciones nativas americanas lo llaman «el paseo del zorro», porque se trata de avanzar con tanto sigilo que podrías acercarte a cualquier animal sin alterarlo. A mí me encanta porque representa una preciosa metáfora de la conexión con nuestra belleza interior. Si nos precipitamos en busca de los tesoros de nuestro interior, lo más probable es que ahuyentemos a nuestras facetas más bellas. Si tengo la cabeza especialmente revuelta durante mis pasos de belleza, suelo repetir un pequeño mantra, y con cada pasito que doy me repito en voz baja: «Caminaré en la belleza».

Recibir

La sabiduría que quieres recibir durante este paseo puede llegar en cualquier momento. Si has establecido un propósito antes de salir de casa, quizá recibas alguna respuesta en cuanto salgas por la puerta. También podrías recibirla al buscar tus potenciadores de belleza interior, o durante tus pasos de belleza. A veces la respuesta puede llegar a última hora del día o a finales de semana. La clave es estar abierta y receptiva: no intentes forzar la respuesta. Recuerda que las mejores respuestas llegan cuando estamos relajadas y abiertas, así que intenta ser muy consciente de los pensamientos e imágenes que te vengan a la cabeza mientras estés paseando. Quizá te sientas atraída por algún árbol, flor, planta o cuerpo de agua. Si te ocurre, acércate o toca ese elemento de la naturaleza que se está comunicando contigo, cierra los ojos y conecta de corazón con la energía de ese aspecto de la Madre Naturaleza. Ábrete a la posibilidad de recibir. La naturaleza puede proporcionarnos una gran sabiduría si la dejamos entrar. Quizá recuerdes esa escena mágica de *Alicia en el País de las Maravillas* cuando las flores empiezan a cantarle a Alicia:

> Nos enseñan cosas bellas las flores,
> de romances saben un sinfín,
> hay idilios y se habla de amores
> en la fiesta del jardín.

Árbol del agradecimiento

Para darle un toque de agradecimiento adicional, podría sentarte muy bien terminar el paseo pensando en cosas por las que te sientes agradecida en tu vida en este momento. Yo tengo un árbol en particular, el árbol del agradecimiento, y me coloco o me siento debajo de él y pienso en las cosas por las que me siento agradecida mientras ato un lazo o un trozo de cordel en una rama como muestra de mi agradecimiento. Es una forma muy bonita de confirmar tu agradecimiento y, a medida que vayan multiplicándose los lazos por todo el árbol, la belleza visual que desprenderá te llenará el corazón cada vez que lo veas. Imagino que a los niños también les gustará mucho.

«Lo mejor del ritual de paseo de belleza consciente es que no tienes por qué estar en un entorno natural idílico para poder conectar con la belleza de la naturaleza. En realidad, si miramos con atención, la belleza de la naturaleza está en todas partes. Los caracoles que salen después de la lluvia, las hojas de los árboles que pintan las calles en otoño, la telaraña que brilla salpicada por el rocío de la mañana.»

Rituales de luna

«Cuando se apacigüen las aguas, verás la luna
y las estrellas reflejadas en tu ser.»

Rumi

Si la naturaleza es nuestra madre, la luna es nuestra abuela. La luna tiene muchos efectos mágicos y misteriosos sobre la naturaleza, desde el vaivén de las mareas a la influencia que ejerce sobre las costumbres de apareamiento de distintos animales, además de afectar (como dirían algunos) el ciclo menstrual de las mujeres. ¿Alguna vez has notado algún cambio en tu forma de sentirte o actuar al contemplar el cielo de la noche y ver la luna llena? A mí me tranquiliza mucho saber que mi cuerpo está conectado con la luna. Las culturas que reconocen el poder de la luna celebran rituales específicos. Las mujeres de la tribu baganda de África Central bañan a sus bebés recién nacidos a la luz de la luna llena para ayudarlos a crecer fuertes. Según la sabiduría inca, mama Killa (la diosa de la luna) es la protectora de las mujeres, y su hogar, en la Isla de la Luna del lago Titicaca, Bolivia, es un lugar sagrado donde las mujeres se reúnen para celebrar ceremonias. La luna representa la divina energía femenina, y el acto de conectarnos a sus ciclos mediante rituales y la conciencia nos ayuda a recargar nuestra divina energía femenina. A través de la conexión con la luna podemos adquirir perspectiva acerca de las dificultades que supone ser una mujer moderna que intenta conseguir un equilibrio saludable entre el trabajo y la vida. La luna nos ayuda a encontrar ese equilibrio.

Ritual de la luna nueva

◐◯◯

La luna nueva es ese día de cada mes durante el que la luna no se ve desde la Tierra. Este día se ha celebrado de muchas formas distintas alrededor del mundo, pero el denominador común se centra en que la luna rebosa promesa y potencial para el crecimiento, pues comienza su viaje mensual de la oscuridad a la luz. Es el momento perfecto para los nuevos comienzos, para hacerse propósitos y manifestarlos. Ahora existe una preciosa tradición internacional a la que cada vez se suma más gente y que consiste en un grupo de mujeres que se reúne para la luna nueva de cada mes. Como es momento de manifestación, es la oportunidad perfecta para reunir a tus amigas, poneros al día y compartir pensamientos de corazón, y apoyaros en vuestras esperanzas y sueños.

En este mundo moderno acelerado es fácil que nuestras amistades queden reducidas a un montón de mensajes e interactuaciones superficiales a través de las redes sociales. Sé por propia experiencia que incluso las conversaciones telefónicas pueden acabar reducidas a unos pocos minutos que terminan cuando una de las dos personas se queda sin señal o la otra llega tarde a su clase en el gimnasio. Y estas interactuaciones tan cortas, por muy bonitas que sean, no necesariamente nos proporcionan ese espacio seguro en el que hablar de cosas profundas sobre las que necesitamos apoyo. Por eso es tan importante para mí crear un espacio en el que mis amigas y yo podamos estar presentes y compartir nuestras vulnerabilidades. Hace poco leí sobre un increíble estudio de la Universidad de Harvard que demostraba que la falta de relaciones estrechas con otras mujeres es tan malo para la salud como el sobrepeso o fumar.[8] Ya sé que a veces cuesta mucho reunirse con las amigas cada mes, pero aunque solo conectéis de esta forma de vez en cuando, sentirás más plenitud en el corazón y tus relaciones te parecerán más profundas. Espero que las herramientas que encontrarás en el ritual a continuación te inspiren y reúnas a tus amigas para celebrar y cultivar vuestra energía divina.

Ingredientes

- Sugerencias para el espacio sagrado: selenita, ópalo o larimar
- Bolígrafo y papel
- Aceite de jazmín o de loto rosa
- Plantas, por ejemplo: orquídeas o espatifilios
- Pétalos de flor
- Velas de té
- Un lazo o un cordel
- Toque extra: una piedra luna arcoíris

◇

Crea un grupo

Lo primero que debes hacer es pensar en las personas a las que querrás invitar a esta reunión tan especial. No tiene por qué ser un grupo numeroso; si es una reunión de dos o tres diosas, es más que suficiente, pero puedes reunir a todas las mujeres con las que te sientas cómoda. Cuando hayas elegido a tu grupo, una forma divertida de organizar el evento es crear un grupo cerrado de Facebook (o de WhatsApp) con las chicas que hayas elegido. Esta puede ser tu plataforma de diosas, y puedes utilizar las redes sociales para conseguir una conexión más profunda, compartiendo cosas (citas inspiradoras, poemas, consejos o quizá algo que te haya pasado ese día, ya sea bueno o malo), y en general para ayudaros las unas a las otras a conectar con vuestra belleza interior. Como parte de la invitación, decide alguna cualidad de belleza interior que se convierta en el tema de ese mes, e invita a tus amigas a que traigan algo relacionado con esa cualidad y que les apetezca compartir. Siempre es bonito que tus amigas traigan sus herramientas de belleza interior preferidas para añadirlas al espacio.

Prepara un espacio propio de diosas

Cuando hayas purificado bien el espacio y esté cargado de energía positiva, debes conseguir que el entorno se vea y transmita belleza encendiendo algunas velas, dibujando un círculo en el suelo con cojines y mantas y creando un espacio divino en el centro. Los espacios divinos que yo creo suelen tener cristales como la selenita (que recibe su nombre de Selene, la diosa griega de la luna, y proyecta una luminosidad lunar natural), el larimar (una preciosa piedra divina de color azul cielo conectada con el elemento del agua y a la energía de la luna, además proporciona mucha paz). También pongo una muestra de aceites (entre los que incluyo el de jazmín y el de loto rosa, que son buenos para proporcionar belleza interior, amor y cuidados a las diosas), algunos pétalos de flores repartidos por el círculo que rodea el elemento central y una planta que transmita energía divina (a mí me gustan las orquídeas, los espatifilios y, por supuesto, las rosas). También suelo tener una gran bolsa de velitas de té y le doy una a cada una de las chicas que acuden al encuentro.

Purifica al grupo

Cuando invites a tus amigas a entrar en tu espacio divino, pídele a una de ellas que reciba a las que vayan cruzando el umbral purificándolas por delante y por detrás con un poco de madera de palo santo o salvia. De esta forma conseguirás que las chicas sientan que están accediendo a un momento especial.

Abre el círculo
Cuando todas estén sentadas en círculo, pídeles que cierren los ojos un momento, abran las palmas de las manos, que respiren hondo unas cuantas veces y conecten con su corazón. Ahora ve recorriendo el círculo de invitadas muy despacio y ponles una gota del aceite esencial que hayas elegido en la mano. Pídeles que se lleven la mano a la nariz e inspiren con fuerza. Cuando abran los ojos, podrás abrir el círculo mediante el sonido. Podrías poner alguna canción bonita que ayude a abrir el corazón, pero si tienes algún instrumento de sonido sagrado como un cuenco tibetano, también puedes utilizarlo.

Luz interior
Quienquiera que esté dirigiendo la sesión debe encender una vela (lo ideal es que tengas un candelero con mango para facilitar el proceso) y se la pase a la persona que tenga al lado para que pueda encender su vela de té con ella. La vela irá avanzando por el círculo hasta que la encargada de dirigir la sesión reciba de nuevo la vela y pueda encender la suya. Esta preciosa pero sencilla parte del ritual representa el propósito colectivo de las diosas de encenderse la luz interior las unas a las otras.

Conversación de luna nueva
Sería bonito que ahora alguien del grupo compartiera con las demás el significado astrológico de esa luna nueva en particular. No te preocupes, no tienes por qué ser una experta en el tema; ¡yo no lo soy! Aquí Google será un gran aliado. A mí me encanta consultar la página web Mystic Mamma (www. mysticmamma.com) para buscar esta clase de información.

Bendición y propósito
Ahora es el momento de que todo el mundo participe. Pídele a cada una de las invitadas que dedique unos minutos a escribir de qué forma le gustaría manifestar la cualidad de belleza interior elegida durante el mes siguiente: su «propósito de belleza interior». Por ejemplo, si la cualidad elegida es la paciencia, quizá se proponga intentar ser más pacientes con alguna persona o situación que tenga tendencia a frustrarla. Cuando todas hayan terminado, las chicas pueden turnarse para compartir con las demás alguna cosa por

la que se sientan agradecidas del mes anterior, seguido de su «propósito de belleza interior». Después de compartirlo, se pueden hacer canutillos con los papelitos, atarlos con un lazo bonito o un cordel y enterrarlos en una maceta, porque la planta favorecerá el crecimiento de los propósitos del grupo.

Sellar el propósito
Una vez tengáis todos vuestros preciosos propósitos enterrados en la planta, pídeles a todas las invitadas que cierren los ojos y la mujer encargada de dirigir la sesión puede leer algo que quiera compartir: puede ser una cita, un poema, el verso de alguna canción, o cualquier texto que salga del corazón.

Compartir de corazón
Ahora el espacio está abierto para que cada cual comparta lo que sea que haya traído o cualquier cosa que piense respecto a la belleza interior. Quizá quieran compartir algún poema o una historia. Podría ser un ejemplo de una cualidad de belleza interior en acción. Y lo más importante es que, si alguien quiere compartir alguna preocupación, este puede ser un buen momento para abrir el espacio a la vulnerabilidad.

Cierra el círculo
Después de compartir, llega el momento de cerrar el círculo. Una bonita forma de hacerlo es que todas os deis las manos, cerréis los ojos, y la persona que dirige la sesión dé las gracias, a las chicas por su asistencia, por compartir, por su amistad, y termine afirmando que las integrantes del grupo seguirán apoyándose todo lo que puedan.

♥ Toque extra
Un bonito toque extra es tener un cuenco de piedras de luna arcoíris en el centro del círculo para dar una a cada una de las chicas al final de la sesión como un hermoso recordatorio del apoyo de sus diosas.

Hermandad vía Skype
Hoy en día, muchas de nosotras tenemos amigas que viven en distintas ciudades o países. Si no puedes reunirte con ellas en persona, o si hay personas especiales que te gustaría tener en el grupo que viven lejos, puedes hacer el círculo vía Skype.

La luna llena es tiempo de plenitud, cosecha y reflexión. Cuando el ciclo de crecimiento y resplandor llega a su fin, es un buen momento para evaluar la situación, recoger lo que hayamos cultivado, liberarnos de aquello que no nos convenga y de nutrir a nuestra diosa interior. A mí me encanta celebrar la luna llena, me recuerda que hay momentos para el crecimiento y momentos para el recogimiento, momentos para la manifestación y momentos para dejar que las cosas se asienten. Para hacer este ritual tendrás que preparar un baño infusión.

Ingredientes

- Una taza de pétalos de rosa frescos o secos, lavanda o manzanilla
- Una piedra de cuarzo rosa
- Una bolsita de muselina
- Aceite de loto azul (para fomentar el rejuvenecimiento y la conciencia de la diosa) y/o aceite de jazmín
- Un cuenco
- Un par de piedrecitas de luna arcoíris
- Una taza de sal rosa del Himalaya

Purificación

Sería genial si pudieras sentarte junto a una ventana desde la que puedas ver la luna llena o, si el tiempo lo permite, fuera de casa. Adopta una actitud relajada, alegre y conectada purificándote, tanto a ti como tu kit de la luna llena y el espacio en el que estás.

Conecta con la Abuela Luna

Si estás viendo la luna, dedica unos minutos a contemplar su luz. Hay una preciosa tradición ancestral de yoga llamada *trataka* que consiste en contemplar un objeto como una vela o la luna para fomentar la claridad y la reflexión. Deja que la luz brillante y clara de la luna te relaje la mente, y cuando te sientas preparada cierra los ojos y recrea en tu mente la imagen de la luna. Rumi dice: «Cuando se apacigüen las aguas, verás la luna y las estrellas reflejadas en tu ser». Déjate absorber por la hermosa y divina energía lunar. Piensa en cómo te hace sentir, quizá estés más relajada, o tal vez te sientas apoyada o amada.

Reflexión y liberación

Ahora es el momento de dedicar un momento a la reflexión. Primero piensa en algún momento del mes pasado en el que creyeras que tu luz interior se había nublado, cuando quizá no brillaras con tanta intensidad como habías esperado. Tal vez te faltara seguridad, puede que reaccionaras con rabia e impaciencia con alguna persona o ante alguna situación (o incluso contigo misma); quizá estuvieras preocupada por cosas que escapaban a tu control. Con esto en mente, enciende una vela, contempla la llama, respira hondo y, cuando sueltes el aire, imagina que la llama quema esas nubes.

Cosecha

Ahora que ya has despejado esas nubes interiores, ha llegado la hora de cosechar todo lo que has plantado durante el último mes. Piensa en los momentos en los que te has sentido orgullosa de ti misma. Podría ser por algo que has hecho bien en el trabajo, algún acto de bondad que hayas tenido con alguien (incluso contigo misma), o algún momento maravilloso que hayas compartido con la familia y los amigos. Cuando pienses en esos momentos, observa cómo te llenan el corazón de calidez y alegría. Permítete disfrutar de las sensaciones de consecución y de plenitud.

Prepara tu infusión lunar

Llena el cuenco de sal rosa del Himalaya. Añádele algunos pétalos y déjalo en un alféizar donde le dé la luz de la luna o déjalo fuera de casa si la noche es seca. Los cristales de sal se empaparán con la energía de la luna. Deja también el cuarzo rosa y la piedra lunar para que se empapen de luz lunar.

Cierra con agradecimiento

Termina esta parte del ritual agradeciéndole a la luna la luz que está compartiendo con tus herramientas de belleza interior. Cuando recojas tus herramientas por la mañana, dedica un momento consciente a oler los pétalos y a dar las gracias a la luna por segunda vez, cuya luz quizá todavía podrás ver en el cielo.

Baño de luna

Ahora ha llegado el momento de darte un lujo. Mete la sal y los pétalos en tu bolsa de muselina acompañados de un cuarzo rosa para conferirle más amor a la mezcla. En algún momento del día o de la noche, prepárate un baño caliente y mete tu bolsa de infusión lunar en el agua junto a un par de

gotas de aceite de loto azul y/o jazmín. Ahora el agua de tu baño contendrá las cualidades naturales, orgánicas y serenas de las flores y de las sales del Himalaya, que son un desintoxicante natural. Rodea la bañera de piedras de luna, enciende algunas velas y hazte un precioso regalo bañándote en la relajante y nutritiva energía de la Abuela Luna.

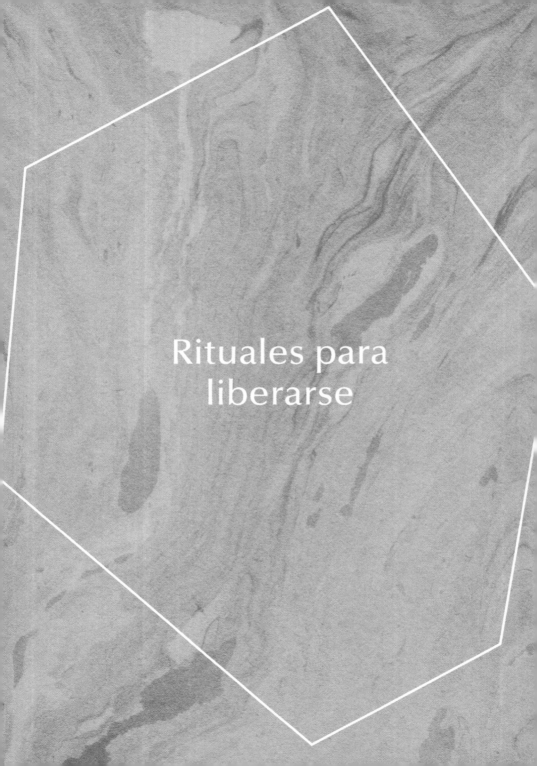

Rituales para liberarse

8

La liberación nos relaja

¿Te has dado cuenta de la forma que tienen los bebés de agarrarse a tu dedo cuando lo posas en su mano, incluso aunque estén durmiendo? La capacidad de agarrarse a según qué cosas puede ser muy útil: ¡si no tuviéramos esa habilidad, seríamos incapaces de pintarnos los labios! Pero aferrarnos a aspectos emocionales puede llegar a hundirnos, literalmente. Una vez se hizo un estudio en el que se pedía a dos grupos de personas que saltaran, después midieron la altitud de sus saltos.[9] A los participantes del primer grupo les pidieron que, antes de saltar, escribieran sobre las ocasiones en las que habían perdonado a otras personas, y a los del otro grupo les pidieron que escribieran sobre resentimientos a los que seguían aferrándose. Las personas que se centraron en momentos de perdón antes de realizar la parte física del experimento saltaron más alto que aquellas que se concentraron en los resentimientos. La liberación nos hace más ligeros, pero puede ser una de las cosas más difíciles de conseguir. Nuestras mentes se aferran a las esperanzas y a las expectativas debido al mismo instinto con el que un bebé se aferra a un dedo. Y cuando las cosas no salen como nosotros queremos, ese reflejo que tenemos de aferrarnos a según qué cosas persiste.

Evidentemente, no siempre queremos o necesitamos liberarnos. Cuando fallece un ser querido, normalmente queremos conservar su recuerdo como un tesoro. Por eso existen tantos rituales por todo el mundo que nos ayudan a recordar a nuestros seres queridos y a nuestros ancestros. Y liberarse no significa que tengamos que esconder nuestros sentimientos debajo de la alfombra. Sentir no es lo mismo que fracasar. Todos experimentamos emociones difíciles a lo largo de nuestra vida; a veces incluso por cosas que pueden parecer insignificantes. Pero si nos quedamos anclados en el pasado, si dejamos que nuestros corazones se queden atascados en la amargura, el resentimiento o el dolor, no podremos brillar como es debido. De la misma forma que una serpiente se deshace de su piel, cuando aprendemos a liberarnos podemos vivir con más libertad, ligereza y elegancia. Espero que en los rituales siguientes encuentres la valentía para desprenderte de esas cosas, patrones y emociones que no te sirven para nada. Por favor, cuídate mucho. Es posible que para superar los momentos más complejos de la vida necesitemos ayuda profesional para procesarlos y liberarnos. Yo sé que mi marido recibe a muchos pacientes que han sufrido mucho, y en esos casos la liberación es un proceso que debe hacerse con cautela, de forma gradual y profunda.

«Pero si nos quedamos anclados en el pasado, si dejamos que nuestros corazones se queden atascados en la amargura, el resentimiento o el dolor, no podremos brillar como es debido.»

❦

**«El perdón es la fragancia que derrama
la violeta en el talón que la aplastó.»**
Mark Twain

El perdón es el mayor acto de amor que existe. Si, como la violeta de la preciosa cita de Mark Twain de más arriba, somos capaces de reaccionar a las situaciones complicadas con amor en lugar de con ira, el mundo sencillamente será un lugar mejor. Pero está claro que no siempre podemos ser violetas. Somos seres espirituales viviendo una experiencia humana, como escribió Pierre Teilhard de Chardin, y eso significa que nuestros delicados corazones pueden cerrarse cuando alguien nos lastima, y nuestra esencia puede quedar oculta. Mientras escribo este capítulo me doy cuenta de que todavía tengo que aprender mucho en este sentido. Por mucho que el hada espiritual que vive en mi corazón sepa que lo mejor que puedo hacer cuando me siento lastimada es perdonar, mi naturaleza humana sigue reaccionando con todo un abanico de emociones: ira, resentimiento, reproche, vergüenza, culpabilidad. Poco a poco estoy aprendiendo que es importante aceptar estas reacciones, pero que no debo alimentarlas. Cuando me descubro alimentando esas emociones es cuando me hago sufrir.

Wayne Dyer compara el resentimiento a la picadura de una serpiente: no es el mordisco lo que mata, sino el veneno que circula por nuestra sangre. ¿Reconoces ese proceso en ti misma? ¿Alguna vez te has dado cuenta de que un comentario negativo o una interacción desagradable sigue afectando tus pensamientos y tus sentimientos tiempo después de haber ocurrido? La ciencia no deja de demostrar que la amargura y el resentimiento pueden tener un impacto negativo en nuestra salud física si dejamos que esos pensamientos y sentimientos envenenados sigan circulando por nuestro sistema. Los estudios demuestran que prolongar la ira, la amargura o el resentimiento puede afectar a nuestro sistema inmunológico, al funcionamiento de nuestros órganos y a nuestro metabolismo. Cada vez que recreamos en nuestra mente el incidente original que nos lastimó, liberamos cortisol, la hormona del estrés. Y yo lo entiendo perfectamente. Al tener la enfermedad de Crohn, ya me he dado cuenta de que en los momentos de mi vida en que me he sentido dolida o traicionada, los pensamientos y emociones que circulan por mi sistema pueden terminar manifestándose en forma de síntomas como inflamación y dolor de estómago. El lado bueno es que el perdón sana tanto a nivel físico como a nivel emocional: cuando decidimos perdonar, nuestros niveles de estrés descienden, así como nuestro colesterol y la presión arterial, mientras que la calidad de nuestro sueño y nuestro sistema inmunológico también mejoran.

Si alguna vez nos cuesta creer que podemos perdonar y seguir con nuestra vida, hay muchos ejemplos increíbles a los que podemos recurrir de personas que han practicado el perdón a lo largo de la historia. El hecho de que Nelson Mandela estuviera dispuesto a perdonar después de pasar veintisiete años en la cárcel fue la clave para el fin del *apartheid*. Mandela resumió sus pensamientos en un discurso que dio en un mitin poco después de su liberación: «Tenemos que perdonarnos los unos a los otros, porque cuando te propones perdonar sanas parte de tu dolor, pero cuando perdonas, te curas del todo».

Es importante comprender que perdonar no significa olvidar. Perdonar significa liberarte del sufrimiento. Podemos hacerlo y, al mismo tiempo, seguir responsabilizando a alguien de sus acciones.

El ritual siguiente puede ayudarte en las ocasiones que hayas tenido alguna pelea con alguien, cuando sientas que otra persona se ha comportado mal contigo o te sientas decepcionado en tu vida personal o laboral, o quizá sientas que te has fallado a ti misma (el ritual sirve tanto para perdonarse a una misma como para perdonar a otros). Cualquiera que sea la situación, tanto si se trata de algo reciente o antiguo, lo importante es que, como resultado, tú estás sufriendo. Los sentimientos de resentimiento, culpabilidad, reproche o vergüenza están impidiendo que tu belleza interior brille como es debido, y ya estás preparada para liberarte. Recuerda que el perdón es un proceso, y aunque puede haber días en los que te resulte más fácil que otros, no debemos castigarnos si tropezamos con antiguos patrones de resentimiento y culpabilidad. El nuevo día te dará una nueva oportunidad para volver a abrir tu corazón.

--- Ingredientes ---

- Bolígrafo y papel
- Una vela
- Aceite de violeta
- Una piedra del tamaño de la palma de la mano
- Madera de palo santo

Purificación

A mí me gusta utilizar la madera de palo santo para la purificación inicial de este ritual, pero puedes utilizar la herramienta de purificación que más te guste. Cuando desplazamos la madera de palo santo por nuestro cuerpo y por nuestras herramientas de belleza interior, y la maravillosa fragancia se nos cuela por la nariz, eso le envía una señal a nuestra cabeza y a nuestro corazón, que entienden que nos estamos preparando para liberarnos de algo. Como siempre, debes asegurarte de que tienes alguna puerta o ventana abierta para dejar escapar las malas energías.

Elige un incidente que quieras perdonar

Es importante que al empezar tengas claro el incidente específico que quieras perdonar. Todos tenemos cosas en la vida que nos lastiman, desde pequeñas discusiones a situaciones más importantes. Debes empezar este ritual eligiendo una situación leve en cuanto a la cantidad de dolor que te está provocando. Puedes confiar en tu mente y en tu cuerpo, porque ellos te dirán si estás preparada para gestionar cada situación. Piensa en el incidente y en la persona involucrada. Si notas ansiedad o te sientes incómoda al recordar este incidente, respira hondo unas cuantas veces.

Prepara el espacio

Para hacer este ritual, necesitarás un poco de aceite de violeta, una vela y una piedra del tamaño de la palma de tu mano. Puede ser una piedra de tu jardín, del parque o de la playa. Tiene que pesar un poco. Colócate la piedra delante, luego pon la vela detrás y enciéndela. Mientras enciendes la vela, debes saber que la llama representa la luz de tu belleza interior y el objeto pesado representa los resentimientos que te están agobiando y que bloquean tu luz.

Reconoce el veneno

Coge una hoja de papel y anota tres formas específicas en las que te esté afectando la situación original. Quizá te ayude dividirlo en los tres aspectos que suelen quedar afectados cuando interactuamos los unos con los otros: pensamientos, sentimientos y comportamientos. He aquí algunos ejemplos:

> **Pensamientos:** prejuicios y reproches: «Yo tengo razón y tú no»; juzgar a la persona en lugar de valorar la situación: «X es mala persona, una persona desagradable». Quizá albergues los mismos pensamientos que

no dejan de dar vueltas una y otra vez, como en una lavadora, y te están volviendo loca.

Sentimientos: ira, resentimiento, amargura, soledad. Recuerda que los sentimientos nunca son buenos o malos, sencillamente son. Así que intenta no juzgar. Sé todo lo honesta que puedas.

Comportamientos: evitar situaciones / personas, trastornos del sueño, quizá te cueste concentrarte en el trabajo, no estar presente.

Ahora que ya has anotado las tres formas que tiene de afectarte ese veneno, elige un número en una escala del uno al diez (teniendo en cuenta que diez será lo más doloroso y uno el menor grado) que representará la intensidad del dolor que sientes en relación al mordisco de serpiente original. Anótalo en tu hoja de papel. Esta escala sencillamente te proporciona una forma de identificar dónde estás en cuanto a la necesidad de perdón.

Siente el peso
Ponte la hoja en la mano y coloca la piedra encima. Sostén la mano delante de ti. Intenta mantenerla así durante un minuto (no te preocupes si te resulta difícil, ¡esa es la intención!). Cierra los ojos y toma conciencia del peso de la piedra en tu mano. Conecta con el peso. Presta atención a las sensaciones que tengas en la muñeca o el antebrazo provocadas por el peso. Quizá puedas subir un poco más, hacia el brazo y el hombro, y también el cuello. Tal vez tengas la sensación de querer bajar el brazo. Comprueba qué sientes al mover el brazo de arriba abajo. ¿Te duele? Ahora que ya sientes de verdad el peso de la piedra, plantéate que los resentimientos que llevas contigo podrían estar hundiéndote emocionalmente.

Redescubre tu ligereza
Ahora deja caer un poco el brazo con el que estás sosteniendo la piedra y levanta el otro. Toma absoluta conciencia de la sensación de ligereza del otro brazo y la mano. ¿Qué diferencias notas? ¿Sientes alguna diferencia en cuanto a la flexibilidad y el movimiento? ¿Sientes menos tensión en el brazo, el hombro y el cuello? Cuando hayas conectado con esa sensación de ligereza, ya puedes bajar ese brazo, y después hazte las siguientes preguntas permitiendo que tu imaginación explore las respuestas:

¿Cuál sería el mejor resultado en el supuesto de que pudieras perdonar completamente en este caso?

> ¿Qué diferencia habría en tu forma de pensar?
> ¿De qué forma cambiarían tus sentimientos?
> ¿En qué cambiaría tu forma de actuar con esa sensación de ligereza?

Proponte perdonar

Si te sientes preparada, ahora es el momento de liberarte del peso de ese resentimiento que ha estado afectando tu relación con esa persona y con la situación. Quizá quieras decirte: «Estoy preparada para perdonar». En cuanto hayas declarado tu propósito, abre los ojos, coloca la piedra detrás de la vela, rompe la hoja de papel y mete los pedazos debajo de la piedra. Purifica la piedra y a ti misma con tu palo santo. Ahora contempla las llamas de la vela y dedica un momento a conectar con el sentimiento de ligereza que, con suerte, estarás experimentando. Mientras miras la luz de la vela, quizá te apetezca pensar en algún pequeño gesto mediante el que quieras expresar tu perdón a la persona o personas que te han herido. Si te cuesta, no pasa nada, pero puede que sientas la necesidad de tener un gesto de compasión hacia esa persona. Ten presente que esa persona —igual que tú— fue un bebé algún día, y llegó a este mundo inocente y vulnerable con una luz pura y reluciente. ¿Qué clase de heridas ha podido experimentar esa persona en la vida que puedan haber bloqueado su luz e influido en su forma de comportarse contigo?

Conecta con tu corazón

Ahora viértete un par de gotas de aceite de violeta en las manos. El aceite de violeta nos ayuda a liberarnos. Respira hondo y, cuando lo hagas, advierte cómo las notas de la violeta te abren el corazón y se llevan la tensión. Recuerda que el perdón es la fragancia que derrama la violeta en el talón que la aplastó, y que cuando perdonas de verdad estás permitiendo que brille tu belleza interior.

Siente agradecimiento por la lección aprendida

Para seguir caminando por la senda del perdón, ayuda mucho terminar este ritual cultivando el agradecimiento. Esto puede significar dedicar un momento a pensar en alguna lección que te haya enseñado esta situación. Quizá esto requiera alguna cualidad de belleza interior en particular. Esta

cualidad puede ser empatía o compasión por la otra persona, o tal vez sea la humildad, porque te estás liberando de la necesidad de tener razón. Si conoces a esa persona, puedes utilizar este momento para pensar en alguna cualidad que valores de ella. Puede que en algún momento sea paciente o generosa, o tal vez te haya hecho reír, aunque solo haya sido un momento.

Recordatorios del perdón

Perdonar no es algo que se hace una vez y después, milagrosamente, ya no sentimos remordimientos nunca más. Es una práctica, y una cualidad, que necesitamos recordarnos. En mi jardín tengo una zona específica que representa las principales cualidades del corazón, y en ese espacio tengo una planta llamada corazón de María. Se dice que esta planta representa el perdón y la paz que sentimos cuando elegimos liberarnos del resentimiento. También tengo una vela con olor a violeta que me gusta encender cuando siento que necesito reconectar con las energías del perdón. También tengo la maravillosa oración del perdón hawaiana llamada «Ho'oponopono» colgada en la pared. Esta plegaria consiste en cuatro sencillas pero poderosas afirmaciones: «Lo siento. Por favor, perdóname. Gracias. Te quiero».

«Wayne Dyer compara el resentimiento a la picadura de una serpiente: no es el mordisco lo que mata, sino el veneno que circula por nuestra sangre.»

Ritual de envejecimiento

«¡Y la belleza de una mujer solo aumenta con los años!»
Audrey Hepburn

Cuando empecé a trabajar como maquilladora, colaboré con muchas modelos preciosas, y su maravillosa piel era como un suave y generoso lienzo para mí. En aquel momento, aquellas chicas no eran mucho más jóvenes que yo. Sin embargo, a medida que fui creciendo, las modelos con las que trabajaba eran cada vez más jóvenes. Y cuando me maquillaba por las mañanas, mientras me preparaba para ir a trabajar, cada vez juzgaba mi aspecto con más dureza, a medida que iba viendo más arrugas alrededor de mis ojos y la edad me iba cambiando el color de la piel. Ya sé que una no tiene por qué ser maquilladora profesional para tener esas inseguridades y prejuicios. La mayoría de nosotras vivimos en una sociedad claramente antienvejecimiento. Si te salen arrugas, ponte bótox. Si quieres tener los labios más carnosos, el colágeno es tu solución.

No me malinterpretes. Me encanta cuidarme la piel y utilizar un montón de cremas y pociones. Pero la belleza interior no será posible hasta que nos deshagamos de la idea de que la única forma de estar guapa es ser joven. La belleza va mucho más allá de la piel y el hecho incuestionable de que nuestro aspecto cambia a medida que nos hacemos mayores nos proporciona la oportunidad perfecta para cultivar ciertas cualidades de belleza interior. Sorprendentemente, unos investigadores de la Universidad de Yale descubrieron hace poco que las personas que afrontan el envejecimiento con una actitud más positiva viven más tiempo que las que tienen una actitud negativa. El ritual siguiente es una sencilla práctica que te ayudará a aceptar el paso del tiempo.

Antes de empezar, reflexiona un momento sobre las cuestiones siguientes: ¿qué miedos personales tienes ante la idea de envejecer? ¿Hay algún modelo en tu vida o algún personaje público que pueda servirte de modelo de cómo envejecer con elegancia? ¿Qué es lo que más valoras de esas personas y de su forma de afrontar el paso del tiempo?

Añade el *wabi-sabi* a tu rutina de belleza

Es muy fácil que el momento en el que tomamos más conciencia sobre el paso del tiempo sea durante nuestras rutinas de belleza. Por eso, el primer paso para aceptar el paso del tiempo es darle un toque de *wabi-sabi*. Encuentra un objeto que represente para ti el concepto del *wabi-sabi* —la belleza de la imperfección— y coloca ese objeto junto a tu espejo, en tu baño, o en tu tocador, o donde sea que hagas tu rutina de belleza. Algunos de los objetos que pueden ir bien son una hoja del otoño, un trozo de madera que el agua haya arrastrado hasta la orilla, un cristal roto (muchas clientas de The Colourful Dot me preguntan qué pueden hacer con los cristales que se les han roto, y esta es la solución ideal), una concha astillada, un jarrón antiguo.

Toma conciencia de lo que te dices

Todas caemos en esa crítica personal, en especial cuando empezamos a notar el cambio de aspecto de nuestra piel y nuestros rasgos cuando nos hacemos mayores. Esa forma de criticarnos es un hábito tan automático que quizá no nos demos cuenta ni de que lo estamos haciendo. Cuanta más conciencia podamos tomar de ello, más posibilidades tendremos de dejar de hacerlo. Empieza a prestar más atención a esta crítica negativa hacia el envejecimiento. Cuando te sorprendas concentrada en tus patas de gallo, en las arrugas que salen alrededor de los labios, o cualquier otro signo de envejecimiento, mira automáticamente al objeto *wabi-sabi*. Mientras estés contemplando tu objeto, comprueba si eres capaz de liberarte de esa parte de ti que se aferra a la persona que era antes para hacer espacio a la persona que eres ahora. Evidentemente, es normal que sientas tristeza cuando empieces a advertir esos cambios en tu aspecto al hacerte mayor, de la misma manera que experimentamos la pérdida ante una flor que se marchita (Ram Dass). Pero, con el tiempo, esta práctica te ayudará a comprender que también puede haber belleza en tu vejez.

Valoración personal

A medida que vayamos practicando para liberarnos del apego que tenemos por esa versión más joven de nosotras mismas, empezaremos a tener una mayor capacidad para valorarnos tal y como somos ahora. A mí me encanta hacerlo de tres formas:

> **La primera** es valorando los beneficios de la belleza interior que nos brinda el paso del tiempo. Dicen que con el paso de los años somos cada

vez más sabios. ¿Es posible que te sientas más lista? ¿Estás más segura en tu piel? ¿Eres más paciente? Piensa en las cualidades de belleza interior que has ido desarrollando a medida que has ido creciendo. Piensa en esas cosas siempre que te sorprendas criticándote por tu edad.

La segunda consiste en valorar la belleza exterior de tu envejecimiento. Si somos capaces de encontrar belleza en un vestido o en un bolso de época, o en la pintura descascarillada de algún mueble, también podemos verla en nuestra piel envejecida. Cuando te mires al espejo, localiza alguna parte de ti misma que hayas juzgado con dureza en alguna ocasión. Ahora, mientras miras esa zona de tu cuerpo, conecta con el mismo gusto que tienes para valorar los artículos *vintage* y valórate de la misma forma. Ya sé que al principio no será fácil. Pero con el tiempo esta práctica puede transformar tu capacidad para valorarte y, como ya sabemos todas, cuando somos capaces de valorarnos tal como somos, también tenemos más capacidad para amar a los demás.

La tercera forma consiste, simplemente, en ponerte ante el espejo, mirarte fijamente a los ojos y conectar con esa parte de ti misma que es atemporal y eterna. Disfruta de esas ventanas a tu alma. Yo enmarqué estas palabras y coloqué el cuadro junto al espejo del baño para que me recordaran mi belleza atemporal:

> La belleza es la vida cuando la vida revela su santo rostro.
> Pero vosotros sois la vida, y vosotros sois el velo.
> La belleza es la eternidad contemplándose a sí misma en un espejo.
> Pero vosotros sois la eternidad y vosotros sois el espejo.

Kahlil Gibran

Ritual para la pérdida

⋀

«Las personas somos como vitrales. Brillamos y relucimos
cuando sale el sol, pero cuando oscurece, nuestra verdadera
belleza solo puede verse si la luz brilla desde el interior.»
Elisabeth Kübler-Ross

Si no existiera la oscuridad, no habría luz. Sin la pérdida, no sabríamos
apreciar la vida y el amor. Como rezan las famosas palabras de Alfred Lord
Tennyson: «Es mejor haber amado y perdido que no haber amado nunca».
Todos hemos vivido nuestra vida. Y todos hemos sufrido la pérdida de una
forma u otra. Desde perder nuestro osito preferido de niños, un buen trabajo,
algún sueño o alguna relación de pareja, hasta perder a algún ser querido; la
pérdida se presenta de distintas formas y tamaños, así como nuestra forma de
reaccionar a ella. Como terapeuta, mi marido trabaja mucho con la pérdida,
en especial con la enfermedad terminal o el luto, y siempre se asombra de
la increíble variedad de formas que tienen las personas de reaccionar ante
ella. Hay personas que superan la pérdida con bastante rapidez, mientras que
otras se quedan mucho más afectadas.

Yo he experimentado una serie de pérdidas en los últimos dos años,
he vivido en un ciclo repetitivo que empezó cuando intenté quedarme
embarazada, el embarazo, y la pérdida del bebé. El destino quiso que mi
último aborto coincidiera con el momento en que estaba escribiendo este
capítulo sobre el desapego. Y una de las cosas que he aprendido a lo largo de
este viaje de pérdidas es que es muy importante dar tiempo y espacio a los
sentimientos para poder gestionarlos con amor y aceptación.

En la sociedad moderna podemos sentirnos presionadas para correr demasiado,
para recuperar la normalidad lo antes posible. Y los rituales nos permiten crear
zonas seguras y atemporales en las que poder aceptar nuestros pensamientos y
sentimientos; dejarlos respirar. Los rituales también nos pueden proporcionar una
sensación de orden y belleza en tiempos de turbulencias y caos.

Y dicho esto, es importante tener en cuenta que el luto puede ser
complicado y, a veces, es posible que necesitemos ayuda profesional. El ritual
que encontrarás a continuación no puede sustituir a la ayuda profesional en
los casos en que nos pueda costar especialmente gestionar alguna pérdida.

- Bolígrafo y papel
- Un objeto que representa la pérdida
- Una vela
- Una piedra de mangano o calcita de manganeso
- Salvia
- Manzana o naranja
- Aceite de violeta (para la pérdida o el luto)
- Pétalos de rosa

Encuentra el espacio adecuado

Es importante que elijamos un espacio para el ritual donde nos sintamos cómodas para dejar salir todos nuestros pensamientos y sentimientos. Yo prefiero buscar algún sitio en la naturaleza, debajo de un árbol o idealmente junto al agua. Pero también puede hacerse a cubierto, siempre que estés en un lugar donde te sientas cómoda para dejar salir todos tus pensamientos y sentimientos.

Purificación

Como siempre, cuando tengas tu espacio preparado, debes asegurarte de hacerle una buena purificación energética a todo con alguna herramienta de purificación o utilizando sonido: purifícate a ti, tus herramientas de belleza interior y el espacio.

Crea un círculo sagrado

Un círculo representa un recipiente: amor incondicional. A mí me gusta crear el círculo sagrado para este ritual utilizando pétalos de rosas. Una vez hayas creado tu círculo, enciende una vela en el centro para invocar el potencial curativo del espacio. En este momento podrías leer el poema de Rumi «La casa de huéspedes», pues es una preciosa expresión de cómo gestionar los sentimientos difíciles. He aquí un fragmento del poema:

> Incluso si son un grupo penoso
> que desvalija completamente tu casa.
> Trata a cada huésped honorablemente
> pues podría estar haciendo espacio para algo bueno.

Elige algo que simbolice la pérdida

Ahora coloca en el círculo, junto a la vela, algo que simbolice la pérdida. Puede ser una fotografía, un objeto, o algún objeto de la naturaleza.

Meditación

Mientras miras el círculo, ponte un par de gotas de aceite de violeta en las manos y respira su fragancia. Cierra los ojos con suavidad y concéntrate en la base de tu cuerpo, en los pies y en su conexión con la tierra. Imagina que te salen raíces que se extienden por la Madre Tierra. Observa mientras las raíces atraviesan varias capas de tierra y rocas hasta alcanzar el centro de la Madre Tierra. Siente cómo la Madre Tierra te sostiene y te ancla al suelo a través de esas fuertes raíces. Cuando te sientas bien firme, concéntrate en el centro de tu pecho. Colócate la mano en el centro para conectar con el centro del corazón. Cuando sientas la conexión, ya podrás abrir los ojos.

Escribe para desprenderte

Coge una hoja de papel y un bolígrafo y escribe algunos pensamientos y sentimientos relacionados con esta pérdida que quizá no te aporten nada, y cualquier sueño o esperanza de los que sientas que estás preparada para desprenderte en relación con esa pérdida. Cuando hayas terminado, coloca la hoja de papel en el círculo al lado o debajo del símbolo de la pérdida.

Purificación

Si estás en un sitio cerrado, asegúrate primero de que las ventanas o las puertas están abiertas. Después coge un poco de salvia y purifica a fondo el símbolo de la pérdida y la hoja de papel. Haz lo mismo contigo. Mientras te purificas, imagina esas energías negativas abandonando tu cuerpo y cómo se las lleva el humo.

Libérate

La mejor forma de hacer esto es en la naturaleza. Coge la hoja de papel y el símbolo y (si no estás ahí) llévatelos a algún sitio que esté o bien cerca del agua o debajo de un árbol donde puedas enterrarlos. Si estás cerca del agua, puedes utilizar una manzana o una naranja como recipiente. Mete el trozo de papel en la manzana o la naranja, préndele fuego y deja que la pieza de fruta se marche flotando por el agua. Mientras observas cómo la fruta se aleja, guarda silencio y conecta con la sensación de que el agua y su orgánica energía curativa se está llevando las malas energías de las que quieres desprenderte. Si estás debajo de un árbol, puedes limitarte a enterrar el papel en la tierra junto a tu símbolo (siempre que sea biodegradable).

Nosotros adatamos este ritual para nuestro primer aborto utilizando elementos de un precioso ritual japonés para los embarazos interrumpidos llamado *Mizuko Kuyo* (*mizuko* significa «hijo del agua»). Elegimos una fotografía que teníamos de la primera ecografía y la metimos en un agujerito en la tierra. Después, cogimos una hoja pequeña, la mojamos en leche y la dejamos en la tierra junto a la fotografía: simbolizaba la intención de nutrir el alma del bebé no-nato para su viaje a la otra vida. También plantamos una flor en ese sitio. Para nosotros esa planta simboliza el *kokoro*, una palabra japonesa que significa «siempre en mi corazón».

Agradecimiento

Ahora que ya nos hemos desprendido, terminamos el ritual volviendo a conectar el corazón con el agradecimiento. Rumi dice:

> No huyas del dolor, oh alma.
> Busca la cura dentro del dolor,
> porque la rosa salió de la espina
> y el rubí salió de una piedra.

Dedica un momento

Piensa en algo por lo que te sientas agradecida de esta experiencia tan compleja. Quizá sea que hayas desarrollado empatía por el dolor de los demás; tal vez sea que esta pérdida te haya unido más a alguien; podrías sentirte agradecida por los preciosos recuerdos relacionados con la persona o la situación que has perdido; puede que exista algún sentido o lección para ti, una joya escondida en la pérdida. A mí me encantan estas palabras del maestro nativo americano Corazón de Oso: «Parece que sea muy difícil luchar contra la oscuridad, pero la luz es mucho más fuerte. Basta con una lucecita para disipar la oscuridad».

♥ Toques extra

El luto es un proceso, no un hecho, por eso creo que estos consejos pueden resultarte de utilidad cuando necesites reconectar con ese espacio desde el que te permites desprenderte de algo.

Cuando termino con este ritual, a mí me gusta ponerme cerca una calcita de manganeso, me serena el corazón y nutre las heridas que puedan haberse abierto durante el ritual.

No hay nada más relajante que estar en un puente y observar el agua fluyendo bajo los pies. Cerca de mi casa hay un pequeño puente sobre el río Lea y, a veces, cuando noto que reaparece alguna herida antigua, me gusta ir allí. En esos momento conecto con las palabras de un antiguo libro chino, el *Tao Te Ching:* «El bien supremo es como el agua. El agua es buena y nutre a todos los seres sin esfuerzo. Se aloja en lugares que la muchedumbre desprecia. Por eso está cerca del Tao».

Otra cosa que me ayuda mucho es poner orden en mi armario. Me siento mucho más ligera cuando dono a caridad toda la ropa que ya no me pongo o que ya no me hace sentir bien, y hago espacio para que llegue algo nuevo.

«En la sociedad moderna podemos sentirnos presionadas para correr demasiado, para recuperar la normalidad lo antes posible. Y los rituales nos permiten crear zonas seguras y atemporales en las que poder aceptar nuestros pensamientos y sentimientos; dejarlos respirar.»

Rituales de celebración

«Ven, vamos a enamorarnos otra vez
y transformemos toda la suciedad de este mundo
en oro brillante.
Convirtámonos en una nueva primavera
y sintamos la brisa meciéndose en la fragancia del cielo.
Vistamos la tierra de verde
y como la savia de un árbol joven,
dejemos que sea nuestra elegancia interior
quien nos alimente.
Tallemos gemas de nuestros corazones de piedra
y dejemos que nos iluminen el camino hacia el amor.
La mirada del amor es cristalina
y estamos bendecidos por su luz.»

Rumi

9

Una celebración es un momento revestido de felicidad

Desde las serenas danzas alrededor del palo de mayo hasta la muchedumbre que se agrupa para lanzarse polvos de colores fluorescentes en *Holi*, las celebraciones son la forma que tenemos los seres humanos de marcar los momentos especiales de nuestros días, años y vidas. Muchas de las celebraciones que conocemos hoy en día tienen un significado espiritual más profundo. Se cree que la tradición de los pasteles de cumpleaños es original de la antigua Grecia, cuando los devotos llevaban pasteles con forma de luna adornados con velas al templo de Artemisa, la diosa de la luna; y las velas simbolizaban el brillo de la luna. Hoy en día, la mayoría de celebraciones suelen estar menos centradas en nuestra conexión interior con lo sagrado, y más con valores externos: la ropa que nos vamos a poner, el regalo que podemos recibir, la botella de vino que queremos llevar.

A mí siempre me han encantado las fiestas, en especial los festivales, que para mí son momentos muy especiales para celebrar en compañía de amigos y música, baile y risas. ¡Y también conocí a mi marido en un festival! Como maquilladora profesional, he tenido la suerte de participar en muchas celebraciones maravillosas, ayudando a los invitados a sentirse atractivos, tanto cuando se ha tratado de una fiesta íntima para celebrar que alguien cumplía sesenta años como para una gran boda llena de detalles. Pero a

medida que he ido profundizando en mi camino espiritual, he empezado a integrar más formas de belleza interior en esas celebraciones, y me he dado cuenta de que esos toques sagrados siempre son bienvenidos. Al convertir mi puesto de maquillaje en un santuario para la belleza interior y exterior, además de añadir ciertos rituales y meditaciones, he descubierto que podía transmitir cierta calma y conectividad a lo que muchas veces son preparativos cargados de nervios y ansiedad.

Cuando algunos de mis amigos empezaron a pedirme que llevara rituales de belleza interior a sus celebraciones, al principio vacilé un poco. Dirigir un círculo, además de ser todo lo contrario del contacto unipersonal entre bambalinas clásico de mi trabajo, era algo que estaba completamente alejado de mi zona de confort. Pero al final resultó que los nervios que pasé valieron mucho la pena, porque tras cada ritual notaba cómo nuestros corazones profundizaban un poco más en cada una de nuestras celebraciones. Así que, a continuación, quiero compartir contigo algunos de mis rituales preferidos, que he utilizado en distintas celebraciones.

«Muchas de las celebraciones que conocemos hoy día tienen un significado espiritual más profundo.»

Ceremonia de la futura novia

♦

La idea de que las mujeres se reúnan antes de una boda para celebrar a la futura novia se remonta, por lo menos, a la antigua Grecia. Las mujeres de aquella época celebraban un ritual específico llamado *Proaulia*, según el cual la novia pasaba sus últimos días de soltera en compañía de su madre, familiares femeninas y amigas. Durante esos días, la novia hacía ofrendas sagradas a los dioses y diosas del amor y la feminidad, dándoles las gracias por haberla protegido durante la infancia y favorecer su transición a la vida adulta. Entre las ofrendas había viejos juguetes infantiles, prendas de ropa o algún mechón de pelo. Esos rituales también servían para fortalecer los lazos adultos entre la novia y los dioses y las diosas, de quienes necesitaba protección durante la transición a su nuevo hogar y para crear una nueva familia.

El concepto de la despedida de soltera apareció hacia el año 1800 para describir ese momento en que las mujeres se reunían para tomar el té y charlar. Pero no fue hasta mucho después cuando la despedida de soltera empezó a ser un momento clave de los planes de boda. Y a mí me pareció importante que mi despedida tuviera una faceta sagrada, además de la diversión y las travesuras habituales. Para mí fue una experiencia tan hermosa que quise compartir aquel regalo con mis amigas en sus propias despedidas. Y por eso he dirigido varias ceremonias de la diosa mágicas a lo largo de los últimos años. Estas ceremonias son una forma estupenda de celebrar las maravillosas cualidades de la novia de una forma más profunda. Y ahora voy a compartir contigo algunas ideas de esas experiencias.

Preparación

Si eres la encargada de dirigir la celebración, tendrás que preparar algunas cosas por adelantado. Necesitas una bolsa de pétalos de rosa secos. Puedes secar los pétalos de tu propio rosal, o puedes comprarlos por Internet. También necesitarás algunos frascos pequeños con un tapón de corcho. Se necesita un collar largo y tendrás que pedir a todas las participantes que traigan un colgante para prenderlo del collar durante la ceremonia (los colgantes pueden ser cualquier cosa que se pueda colgar, desde una piedra o una concha con un agujero a algún dije o colgante que ya tuvieras en casa). Es esencial que haya un centro de mesa bonito, así que tendrás que llevar un cuenco, velas, cristales, fotografías de la pareja, fotografías de la novia de niña, instrumentos

de sonido sagrado (aún será mejor si alguna de las participantes toca algún instrumento portátil; pídele que se lo traiga) y un poco de incienso y aceites. Antes de la ceremonia, asigna a cada participante una cualidad de belleza interior distinta para que puedan escribir una pequeña oración para la novia que después compartiréis en el círculo (puedes enviarles un correo antes para que tengan un poco de tiempo para pensar). Cuando estés lista para preparar el espacio sagrado, llena el cuenco con los pétalos de rosa y colócalo en el centro del círculo repartiendo los demás objetos sagrados alrededor del cuenco con conciencia y de una forma hermosa.

Abre el círculo

Lo ideal es que la ceremonia se haga por la mañana para que todo el mundo tenga la cabeza despejada antes de que se empiecen a descorchar botellas y las burbujas comiencen a fluir. Como eres la directora de la ceremonia, serás la encargada de purificar a cada una de las participantes a medida que vayan entrando en el círculo, y de entregarles una de las botellitas. Cuando todas estén cómodamente sentadas, puede ser agradable pedirle a todo el mundo que cierre los ojos y guiarlas para que hagáis una pequeña meditación, respirando hondo unas cuantas veces, conectando con sus corazones y dejando un espacio de silencio para marcar la transición entre el cacareo de las participantes al momento sagrado. (Como organizadora, es importante que seas capaz de transmitir paz y presencia. Es normal que estés un poco nerviosa, pero te irá muy bien dedicar un momento a conectar y componerte antes de la ceremonia.) Utilizar algún instrumento sagrado también puede ayudar a marcar la transición entre el excitado alboroto de las chicas a la ceremonia especial. Llegados a ese punto, mientras todas las participantes tienen todavía los ojos cerrados, puedes pedirles que extiendan las palmas de las manos. Viérteles en la mano un par de gotas del aceite esencial que hayas elegido. Después, pídeles con dulzura que se lleven la mano a la nariz permitiendo que las notas fragantes las conecten con un espacio de belleza interior.

Compartir bendiciones

Ahora llega el momento de que las participantes se turnen para compartir las bendiciones de belleza interior que hayan traído para la novia, o para la novia y el novio. Pasaos el collar y, cuando cada una de las invitadas diga su bendición, deberá colocar el colgante en el collar como precioso recordatorio de sus palabras. Para terminar con esta parte de la ceremonia, cuélgale el collar a la novia. Es una coronación cargada de amor digna de una diosa.

Recordatorios en forma de pétalos de rosa

Para completar la ceremonia, las invitadas deben pasarse el cuenco lleno de pétalos de rosa y cada una de las invitadas meterá algunos pétalos regados de amor dentro del frasco. Este recordatorio en forma de pétalos de rosa es el mensaje dentro de una botella perfecto para que cada una lo coloque en su espacio sagrado o en su mesita de noche, donde les recordará todo lo que haya ocurrido ese día.

♥ **Toque extra**
Este ritual también se puede celebrar en un cumpleaños.

«Y por eso he dirigido varias ceremonias de la diosa mágicas a lo largo de los últimos años. Estas ceremonias son una forma estupenda de celebrar las maravillosas cualidades de la novia de una forma más profunda.»

Ritual de boda

∞

Para muchas mujeres, una boda es la celebración por excelencia, la culminación de tantos años soñando con convertirse en una preciosa novia. Si tengo que ser sincera, yo nunca me imaginé celebrando una boda luciendo un enorme vestido blanco lleno de volantes, en especial porque la idea de ser el centro de atención me ponía nerviosa. Pero a medida que iba planificando mi boda, me di cuenta de que es prácticamente imposible celebrar una boda judía pequeña, así que no me quedó más remedio que rendirme. Y me alegré mucho de haberlo hecho, porque acabó convirtiéndose en el mejor día de mi vida.

Una de mis partes preferidas fueron los rituales de belleza interior que se celebraron durante todo el día. Ahora tengo el recuerdo grabado para siempre en mi corazón del momento en que estaba en plena ceremonia acompañada de mi marido en medio de un círculo de amigos y familia, sintiéndome arropada por el amor de todos mis seres queridos. En un momento de la ceremonia, invitamos a cualquiera que quisiera acercarse a decir algo si sentía el impulso de hacerlo. La espontaneidad de estas intervenciones fue muy emocionante, porque no teníamos ni idea de lo que podía pasar, y nos quedamos de piedra cuando dos de nuestros mejores amigos, Matt y Sally, se adelantaron con su bebé Phoebe en brazos y empezaron a cantar «You've Got a Friend», de Carole King. Poco a poco, se fue uniendo todo el mundo y cuando terminaron de cantar muchos de los invitados estaban llorando y todo el mundo tenía el corazón abierto de par en par. A continuación encontrarás algunos toques sagrados que quizá te apetezca utilizar o compartir con amigos en cualquier boda.

La noche anterior

Es normal que los nervios previos al gran día no dejen que los novios disfruten de un buen sueño reparador. Puede ayudar crear un santuario en el dormitorio en el que descansas: un espacio nupcial sagrado especial. Ahí podrás añadir otra dimensión de belleza interior a tradiciones como la antigua costumbre británica según la cual la novia debe llevar algo viejo, algo nuevo, algo prestado y algo azul. Algo azul significa la conexión con el pasado, que puede ser un cristal especial (las mejores piedras de amor para celebrar bodas pueden ser el cuarzo rosa, la rodocrosita, la morganita y la apofilita). Lo nuevo simboliza el optimismo con el que encaramos el futuro, por lo que podrías comprarte una buena vela. Lo prestado está relacionado con la forma en que compartimos la felicidad con los amigos y la familia, por lo que podría ser algún objeto sagrado que alguien te preste, en especial alguna joya, un colgante de la suerte. El azul representa la lealtad y la pureza, por lo que alguna flor de color azul claro le dará un hermoso toque de belleza y energía serena al espacio sagrado nupcial. Las hortensias son muy buena elección: según Doreen Virtue, como estas flores cambian de color de un año para otro, ofrecen un apoyo simbólico para una buena transición.

De todas formas, la novia tendrá tantas cosas en la cabeza que podría ser bonito que le encargara esta tarea a alguna de sus damas de honor. También puede ser muy relajante poner en práctica alguna de las ideas que hemos visto en capítulos anteriores sobre cuidados, rituales en el baño y a la hora de dormir. La purificación adquiere una importancia particular la noche previa a la boda, pues la novia querrá sentir que llega al día de su boda libre de cualquier energía negativa del pasado o con menos nervios de los que, sin duda, lleva días sintiendo. También puedes profundizar en esta noche tan especial dando las gracias antes de irte a dormir escribiendo una carta a tu yo del futuro que leerás dentro de un año. El primer aniversario de bodas se celebra con papel, y es muy bonito tener una carta de ti misma donde has escrito dónde y cómo te gustaría ver tu relación de pareja dentro de un año, dónde te ves viviendo, qué te ves haciendo, qué consejo te gustaría darte, y sencillamente compartiendo tus sentimientos de este momento. El futuro marido también puede hacerlo, así podréis abrir las cartas juntos el día de vuestro aniversario.

La mañana de la boda

Como maquilladora profesional, es muy probable que yo haya estado presente en más mañanas de bodas que la mayoría de personas, y sé muy bien que pueden ser un auténtico torbellino. Si es posible, sería maravilloso que te dedicaras un momento a ti misma. Una idea preciosa que te ayudará a seguir conectada con tu centro de calma cuando estés rodeada de personas nerviosas es colocar herramientas de belleza interior en el tocador: cristales de cuarzo rosa y ágata azul (los dos cristales proporcionan energía relajante) y un quemador de aceite con aceites relajantes (neroli, loto rosa y rosa mezclados van muy bien para esto).

En algunas de las últimas bodas en las que he participado, he creado un sencillo ritual llevando conmigo algunas piedrecitas de cuarzo rosa para darle una a cada dama de honor y a la madre de la novia, al tiempo que les pedía que encontraran algún momento tranquilo y relajado a lo largo de la mañana durante el que pudieran sostener la piedra y decir una bendición de amor para la pareja. Después tienen que devolverle las piedras a la novia una a una, y cada dama de honor debe compartir su bendición especial con ella. La dama de honor principal suele ser la mejor persona para organizar este pequeño y sencillo ritual (no olvides purificar las piedras antes de entregárselas a las otras damas de honor). Al final del ritual, la novia está en el tocador, rodeada de todo el amor y apoyo de sus diosas. Esta colección de cristales cargados de bendiciones puede seguir adornando la mesita de noche de la novia después de la boda.

♥ Toques extra para la ceremonia de tu boda

A través de The Colourful Dot (mi santuario de belleza interior *online*), he tenido la oportunidad, unas cuantas veces, durante los dos últimos años, de proporcionar piedras de cristal para rituales de bodas con los invitados. Me encanta cuando me piden estas cosas. Adoro ver que cada vez hay más gente que tiene ganas de espolvorear su día especial con una pizca de la magia de los cristales. Una de las formas que utiliza la gente para emplear estas piedras es una prolongación del ritual de las damas de honor del que ya hemos hablado, en el que todos los invitados reciben una piedra al llegar a la ceremonia. En algún momento, el maestro de ceremonias le pide a todo el mundo que coja la piedra que tiene en la mano, cierre los ojos e integre sus mejores deseos y bendiciones en la piedra. Después, alguien recoge las piedras en algún jarrón bonito que no solo servirá para adornar la casa, también será un potente recordatorio y el contenedor de todos esos deseos especiales e intenciones de sus seres queridos.

Rayos de sol

«Una persona que tiene buenos pensamientos
no puede ser fea. Puedes tener la nariz
ganchuda, la boca torcida, papada y los
dientes hacia delante, pero si tienes buenos
pensamientos brillarán en tu rostro como
rayos de sol y siempre estarás guapo».[10]
Roald Dahl, *Las brujas*

10

Gracias por haber elegido este libro. Tanto si lo has leído de cabo a rabo, si has pasado por encima de un par de páginas o incluso si solo te has parado a mirar algunas de las imágenes, espero de corazón que te hayas sentido inspirada para incorporar parte de la magia de la belleza interior a tu vida cotidiana.

Mantenerse conectada a la belleza interior no es fácil. A veces puede parecer imposible conservar esos buenos pensamientos que brillan en nuestro rostro. A fin de cuentas, somos humanas: el mundo nos afecta y deja huella en nuestro corazón. Lo que yo espero es que este libro nos ayude a todas a recordar que debajo de las grietas se oculta una belleza más intensa; que solo cuando empezamos a aceptar y reconocer nuestras imperfecciones puede brillar con toda su intensidad.

Los cristales más especiales están escondidos en las profundidades del corazón. Y encontrar esos cristales conlleva tiempo. Cuando encontramos uno, necesitamos tiempo y energía para limpiar la suciedad y pulir la piedra para que su belleza natural pueda brillar con fuerza. Y, de la misma forma, también necesitamos tiempo, energía y, por encima de todo, paciencia, para hacer este viaje juntas, intentando pulir nuestros corazones para que nuestra verdadera naturaleza pueda relucir. Pero en esos momentos en los que brillamos de verdad, cuando realmente sentimos que procedemos de un espacio de auténtico amor y vemos el hermoso impacto que podemos provocar en el mundo, en esos momentos sabemos que merece la pena esforzarse para encontrar la belleza interior.

Durante los rituales creamos un momento especial en el que prestamos a nuestras cualidades de belleza interior la atención que necesitan para crecer. Sin esa atención especial podría ocurrir que siguieran siendo invisibles a los ojos durante toda la vida, igual que los cristales enterrados en el barro.

En el fondo, todos querríamos vivir en un mundo más bondadoso. Mi deseo para cualquier persona que lea este libro —yo incluida— es que podamos utilizar la magia de los rituales de belleza interior para ser un poco más amables los unos con los otros, y un poco más amables con nosotros mismos.

Índice onomástico

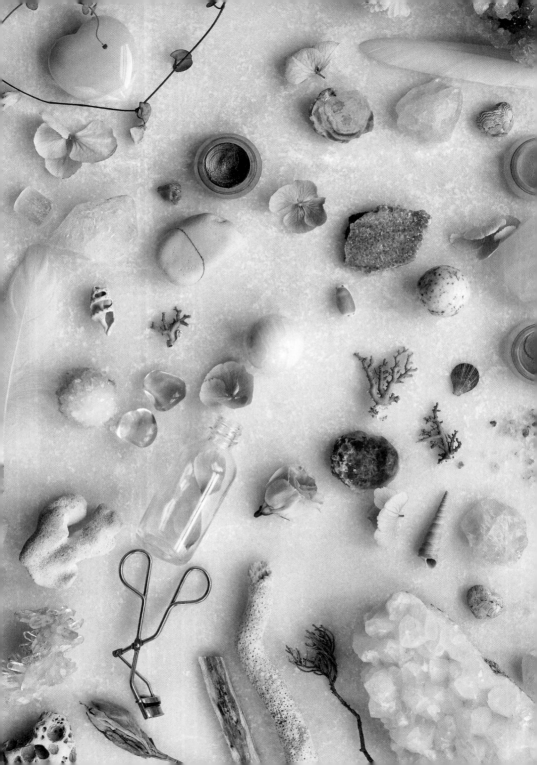

Notas

1. Ulrich, R., «View Through a Window May Influence Recovery from Surgery», *Science*, New Series, vol. 224, núm. 4647 (27 de abril de 1984), pp. 420-1.
2. Weingarten, G., «Pearls Before Breakfast: Can One Nation's Great Musicians Cut Through the Fog of a D.C. Rush Hour?», *The Washington Post* (8 de abril de 2007).
3. Hongratanaworakit, T., «Relaxing Effect of Rose Oil on Humans», *Natural Product Communications*, vol. 4, núm. 2 (febrero de 2009), pp. 291-6.
4. Mohagheghzadeh, A., Faridi, P., Shams-Ardakani, M., Ghasemi, Y., «Medicinal Smokes», *Journal of Ethnopharmacology*, col. 108, núm. 2/24 de noviembre de 2006), pp. 161-84.
5. Wolverton, B., Johnson, A., Bounds, K., Interior Landscape Plants for Indoor Air Pollution Abatement», NASA (15 de septiembre de 1989).
6. Dahl, Roald, *Billy y los Mimpins*. Ediciones Alfaguara, Madrid, 2018.
7. Bosch, «House Moves and DIY projects», 22 de junio de 2012.
8. *Nurses' Health Study* (1991).
9. Zheng, M., Fehr, R., Tai, K., Natayanan, J., Gelfand, M., «The Unburdening Effects of Forgiveness: Effects on Slant Perception and Jumping Height», *Social Psychological and Personality Science*, vol. 6 (2015), pp. 431-8.
10. Dahl, Roald, *Las brujas*. Ediciones Alfaguara, Madrid, 2005.

DOY LAS
GRACIAS A
LA MADRE
TIERRA POR
SU ABUNDANCIA,
POR SU BELLEZA
Y POR LA
SABIDURÍA QUE
TRANSMITE.

Agradecimientos

¡Vaya!, escribir este libro ha sido un viaje precioso, emotivo, complejo e inspirador. Esta creación jamás habría tomado forma sin mi querida alma gemela y marido, Louis Weinstock, que me ha ayudado a escribirlo y ha vertido sus conocimientos en sus páginas. Has sido un maestro durante todo el proceso: me has ayudado a pulir el espejo de mi corazón permitiendo que mi belleza interior brille para que pueda ser mejor esposa, hija, hermana, amiga y, con suerte, madre también algún día.

Quiero dar las gracias a mi familia por haberme permitido siempre expresarme tal como soy.

Gracias a Rob y a Sariet por demostrar elegancia y fuerza ante la adversidad.

Gracias a todos los que habéis aceptado leer y criticar alguna parte del libro y, en general, por apoyarnos: Debbie Manning, Anne Weinstock, Rob Stewart, Kathleen Prior, Jo Bennett, Jenny Newmarch y Stephanie Sian Smith.

Gracias a mi editora, Carolyn Thorne, por darme esta preciosa oportunidad, y a todo el equipo inspirador de HarperCollins, por dar vuestros toques especiales de belleza a este libro: Melissa Okusanya, Lucy Sykes-Thompson e Isabel Hayman-Brown. Gracias también a Nassima Rothacker y a Cynthia Blackett por las impresionantes fotografías.

Quiero dar las gracias a nuestra agente, Valeria Huerta, por apoyarnos durante todo el proceso con resolución y amor.

Gracias a todos aquellos que compartieron su tiempo y sus conocimientos conmigo, en especial a Suzanne Inayat-Khan, Nigel Hamilton, Roger Calverley, Carmen Sandoval, Maestra Martina Mamani, Elder Juan Gabriel Apaza Lonasco, Caroline Putnam y Sandra Pepper.

Y gracias a todos los maestros que me han inspirado a lo largo de estos años, en especial a la Madre Naturaleza / Pachamama, que es mi mayor maestra.

Título original: *The Inner Beauty Bible*

Publicado originalmente en lengua inglesa por HarperCollins Publishers Ltd. con el título *The Inner Beauty Bible*.

© del texto: 2016, Laurey Simmons
Laurey Simmons hace valer el derecho moral a ser identificada como la autora de esta obra.

© de las fotografías: Nassima Rothacker, excepto de las siguientes : pág. 38 (centro), pág. 154 (medio), pág. 155 (derecha), pág. 199 (medio), © Laurey Simmons. pág. 199 (centro) © Stephanie Sian Smith.

Estilista: Cunthia Blackett

Primera edición en este formato: septiembre de 2019
© de la traducción: 2019, Laura Fernández
© de esta edición: 2019 , Roca Editorial de Libros, S.L.
Av. Marquès de l'Argentera 17, pral.
08003 Barcelona
actualidad@rocaeditorial.com
www.rocalibros.com

Imprime Egedsa

ISBN: 978-84-17305-89-5
Depósito legal: B-18194-2019
Código IBIC: VXM
Código producto: RE05895